Tabea Oppliger

#nofilter

*Mein laut gelebtes Leben,
mein wach gelebter Traum*

fontis

Bibliografische Information der Deutschen Nationalbibliothek

Die Deutsche Nationalbibliothek verzeichnet diese Publikation in der Deutschen Nationalbibliografie; detaillierte bibliografische Daten sind im Internet über www.dnb.de abrufbar.

Übersetzung aus dem Englischen:
Shiloh Zache, Düsseldorf
Support und Feintuning:
Christian Rendel, Witzenhausen

Umschlag: René Graf, Fontis-Verlag, Basel
Fotos Umschlag: © by Tabea Oppliger
Foto U2 und U3 (Tel Aviv): iStockphoto
Fotografen des Bildteils innen:
Tim Carr, Bosa Feurer, Saskia Koch,
Stefan Mikolon, Oppliger Family, Leon Seierlein
Alle gemalten Bilder: © by Tabea Oppliger
Satz: InnoSet AG, Justin Messmer, Basel
Druck: Finidr
Gedruckt in der Tschechischen Republik

ISBN 978-3-03848-176-8

Inhalt

#eineeinladungfürdich.. 7

#lassdichindeinerbahnfinden.. 11

#fühlstdudichsicher 25

#massagevontabea.. 45

#gehorsamistgottesliebessprache 61

#israel... 79

#trainierenstattzähmen 103

#komplizen... 121

#mehralseinetasche 139

#beziehungstattreligion 163

#kunstvontabea.. 179

Epilog... 195

#dankbarkeit... 201

Über die Autorin.. 205

Kontaktmöglichkeiten 207

#eineeinladungandich

Warum ein Buch schreiben? Die Welt hat genügend Bücher.

Aber wenn du deine Geschichte immer und immer wieder erzählst, und die Reaktion darauf ist: «Hast du eigentlich schon ein Buch geschrieben? Du musst unbedingt ein Buch schreiben! Wann schreibst du ein Buch?», tja, dann machst du es einfach.

Den richtigen Zeitpunkt gibt es nicht. So wie das Sprichwort heißt:

«Wenn du wartest, bis du bereit bist, wirst du für den Rest deines Lebens warten.»

Also, hier ist sie. Meine bescheidene Geschichte eines laut gelebten Lebens.

Dies ist kein gewöhnliches Buch. Und es ist sicherlich nicht voll mit noch mehr Informationen, die du bereits kennst: Es ist vielmehr eine Einladung.

Ich lade dich ein, deinen Geist herauszufordern, sich nicht nur von Inspirierendem zu ernähren, sondern dann auch dementsprechend zu handeln.

Ich werde dich mit auf eine Reise nehmen und einfach ein bisschen davon teilen, was ich gelernt habe und auf meinem Weg noch immer lerne. Wir sind auf einer Augenhöhe. Ich bin noch immer mittendrin, und ich werde immer inmitten dessen stehen, worüber ich schreibe. Denn was ich mache, das ist LEBEN. Ich lebe als Tochter, Ehefrau, Mutter, Schwester und Freundin. Als Leiterin einer Bewegung, die für soziale Gerechtigkeit kämpft, lebe ich meine Rolle mit Leib und Seele. Und all diese unterschiedlichen Hüte, die ich trage, bedeuten eine lebenslange Verpflichtung.

Ich bin also auf lange Sicht dabei.

Dieses Buch ist in Wartezimmern, in Zügen, zwischen Besorgungen, an meinem einzigen freien Tag, nachdem die Kinder im Bett waren, in Hotelzimmern und in Flugzeugen geschrieben worden.

Es ist eine Mischung aus Momenten und Erinnerungen, Erfahrungen und Lektionen, Rezepten und Bildern. Mitten aus dem Leben. Mitten im Leben. Hab Geduld mit mir, falls du ein bisschen auf heißen Kohlen sitzt und nicht immer gleich alles kapierst, was ich dir sagen will – vielleicht knallt das Popcorn noch, das ich dir serviere.

Ich spreche eine Vielzahl von Sprachen fließend, und dennoch habe ich nicht das Gefühl, dass ich eine von ihnen zu hundert Prozent beherrsche – vielleicht merkst du das hie und da. Aber die Sache ist die: Ich schreibe dieses Buch selbst, und es wird nur zwecks Rechtschreibung und Grammatik korrigiert, damit du nicht gleich aufhörst zu lesen, falls dich solche Fehler stören. Hier geht alles um *#nofilter*, will heißen: Meine Worte sind ungefiltert, echt und nahbar.

Das Manuskript für dieses Buch ist, obwohl ich Schweizerin bin und meine Muttersprache Schweizerdeutsch ist, ursprünglich in Englisch geschrieben worden und wurde dann ins Deutsche übersetzt. Ihr werdet bald herausfinden, warum.

Das ist Tabea Oppliger

Hier zum Start vierzehn bunt zusammengewürfelte Fakten über mich – einfach so:

1. Ich war als Kind extrem schüchtern.
2. Soweit meine Vorfahren zurückverfolgt werden können, habe ich nichts anderes als Schweizer Blut in meinen Adern. (Ich weiß, enttäuschend, oder?!)
3. Meine Lieblingsschokolade ist die von Läderach aus der Schweiz.
4. Mein allererster Kinobesuch war mit sechzehn, mit meiner Schulklasse, und wir haben «Schindlers Liste» gesehen!
5. Große Wellen zu kitesurfen macht mir eine Scheißangst.

6. Ich hatte nie in meinem Leben einen Fernseher und habe noch immer keinen.
7. Espresso, doppelt und schwarz.
8. Grau ist das neue Schwarz. Ich färbe meine Haare nicht.
9. Bitte bring mir keine Blumen. Lass sie wild in der Natur.
10. Ich habe meinen Namen «Tabea» gehasst, als ich jünger war. Denn in der englischsprachigen Welt, in der ich aufgewachsen bin, konnte ihn niemand richtig aussprechen.
11. Ich mochte lange Zeit mein breites Gesicht nicht. Besonders meine Wangen waren anscheinend eine offene Einladung für Fremde, mal ungeniert hineinzukneifen.
12. Ich trage kein Make-up. So ziemlich nie.
13. Die Freunde meiner Söhne beschreiben mich so: «Sie fährt wie eine Verrückte.»
14. Mein Mann und ich sind Geburtstagszwillinge.

#lassdichindeinerbahnfinden

Bestimmt habt ihr euch alle schon mal olympische Wettläufe angeschaut. Jedem Athleten ist eine Bahn zugewiesen, in der er antritt und in der er bleibt. Nicht einer von ihnen würde auf die Idee kommen, auf eine andere Bahn zu wechseln, da er sonst disqualifiziert werden würde.

Wir alle haben eine Bahn zugewiesen bekommen im Leben, um in ihr zu laufen und darin auszuharren. Es liegt an uns, dass wir treu in ihr wiedergefunden werden.

Ich weiß nicht, wie es dir geht, aber ich identifiziere mich gerne mit der Hauptfigur in einer Geschichte, einem Film oder einem Theaterstück. Obwohl es in diesem Buch wirklich nicht um mich geht, sondern um das, was Gott durch dich und andere bewirken kann, wenn du bereit bist, einfach mal loszuziehen – erlaube mir bitte, mich richtig vorzustellen.

Ich bin eine ganz gewöhnliche Frau, die alltägliche Dinge tut und es wagt, **etwas so Großes zu versuchen, dass es eigentlich nur scheitern kann … es sei denn, Gott schreitet ein.** (Diese Erkenntnis verdanke ich einem Impuls von Bruce H. Wilkinson, der «Das Gebet des Jabez» geschrieben hat.)

Ja, ich glaube. Ich glaube an Jesus, den Sohn Gottes, und an Seine Wundertaten, aber bitte leg deswegen dieses Buch nicht gleich weg. Ich will dich hier nicht anpredigen oder mit Bibelstellen zutexten. Du musst nicht mit mir einer Meinung sein, um zu verstehen, dass ich das, was ich mache, ohne meinen Glauben nicht tun könnte. Hör mir einfach bis zum Ende zu, und lass mein Leben und meine Liebe zu den Menschen die Botschaft sein.

Ich bin als sechstes und letztes Kind meiner Eltern geboren und in Papua-Neuguinea aufgewachsen, einer Insel im Pazifik, direkt neben Australien. Meine Eltern bauten dort über vierzig Jahre lang eine recht einflussreiche christliche sozial-humanitäre Bewegung auf.

Ich wuchs die ersten sechzehn Jahre meines Lebens in einem Dritte-Welt-Land auf und bin somit ein sogenanntes «Third Culture Kid», ein Drittkulturkind. Ich könnte mit meinen Erlebnissen in der Kindheit ein ganzes Buch füllen, aber darum geht es mir hier nicht. Du wirst hier und da Kleinigkeiten über mich erfahren, die mich offensichtlich geprägt haben und mich zum größten Teil zu derjenigen Frau gemacht haben, die ich heute bin.

Als ich anfing, mich innerlich darauf vorzubereiten, dieses Buch zu schreiben, fragte ich ein paar meiner engsten Freunde, was ihnen als Erstes in den Sinn kommt, wenn sie an mich denken. Es konnte ein Nomen sein, ein Verb, ein Adjektiv, irgendetwas, was ihnen zu mir einfiel. Folgende Antworten stachen für mich heraus:

- Leidenschaftliche Abenteurerin
- Liebevolle Macherin
- Erstaunlicher Gehorsam
- Mutiger Glaube
- Risikofreudig
- Stark und doch sensibel

Das klingt vielleicht so, als wäre ich einfach schon immer so eine Person gewesen. Es hört sich ziemlich einschüchternd an. Wie eine, die alles im Griff hat. Eine, der ich selber nicht das Wasser reichen kann. Und denken wir nicht alle oftmals so, wenn wir uns an anderen messen, anstatt uns darauf zu konzentrieren, wer wir sind und was wir als eigenständige Person mitbringen?

Ich hoffe, dieses Buch wird dir helfen, das zu finden, was nur *du* geben kannst. Ich schreibe es in Gedanken an dich und bete, dass du mit meiner Geschichte etwas anfangen kannst.

Worte haben Macht, und daran müssen wir uns jeden einzelnen Tag erinnern. Was meine Freunde in mir sahen, das riefen sie in mir wach und förderten es gewissermaßen aus meinem Innern zutage. Indem wir diese Eigenschaften laut benennen, bezeugen wir, dass sie in unserem Leben tatsächlich vorhanden sind. Von da aus zu leben und auf die «Play»-Taste zu drücken, statt auf «Rewind»: Das ist eine Entscheidung, die wir täglich treffen müssen.

Ich lebe zurzeit in Israel, und als wir vor fünf Jahren hierher gezogen sind, haben wir uns zunächst auf eine Mission begeben: Hebräisch zu lernen. So wollten wir auch ein besseres Verständnis für die Kultur entwickeln. Ich erinnere mich, wie ich im Unterricht saß, völlig überwältigt von einer komplett anderen Sprache. Einer Sprache, mit der ich mich auf logischer Ebene nicht identifizieren konnte – was gelinde gesagt frustrierend war, da ich eine Vielzahl von anderen Sprachen spreche. Aber ich erschloss sie mir auf einer geistlichen Ebene und bekam ein erweitertes Verständnis von Gott und Seiner Denkweise.

Wie du bereits weißt, glaube ich an Gott und Sein Wort. Mein Leben ist aufgebaut auf den Werten der Bibel. Anstatt religiöse Regeln zu befolgen, lebe ich in Beziehung zu Ihm. Als Gott uns Menschen schuf, schuf Er uns als Sein Ebenbild, um eine Beziehung zu uns zu haben. Er sprach die Welt ins Dasein. Mit Seinen Worten schuf Er Dinge und rief sie so ins Leben.

Die meisten hebräischen Wörter stammen ab von einer Wurzel aus drei Buchstaben. Das Wort für «Sprechen» im Hebräischen ist «ledaber», und das Wort für «Sache» ist «davar». Beide Worte stammen ab von der gleichen dreibuchstabigen Wurzel «Dalet, Bet, Reysh». Mit anderen Worten: Wenn du zu sprechen beginnst, dann nennst du etwas beim Namen und rufst es in deinem Leben ins Dasein.

Ein weiterer Punkt, der mich im Unterricht an der Universität von Tel Aviv sehr beeindruckt hat, ist die Tatsache, dass es im Hebräischen kein Verb für «haben» gibt. Das bedeutet schlichtweg, dass wir nichts besitzen. Anstelle von: «Ich habe», sagt man: «Für mich gibt es» (yesh li – יש לי). Und statt: «Ich habe nicht», sagt man: «Es gibt nicht für mich» (en li – אין לי). Zusammenhängend würdest du sagen: «Es gibt für mich Zeit», im Sinne von: «Es ist mir Zeit gegeben worden.» Oder das Gegenteil: Statt «Ich habe keine Zeit», sagst du dann: «Es gibt keine Zeit für mich», im Sinne von: «Es ist mir keine Zeit gegeben.»

Das rückt mein ganzes Leben in Perspektive! Entweder ist mir etwas gegeben, oder es ist mir eben nicht gegeben. Dies bringt mich von einer Position des Strebens dazu, Dinge besser aus einer Ruhe-Stellung heraus zu tun. In diesem Sinne besitze ich überhaupt nichts. Was ich habe, ist ein Geschenk, das mir anvertraut worden ist. Und dieses Geschenk ist da, um der Welt zu dienen. Nicht mir selbst.

Erinnerst du dich daran, wie ich bei den Fakten über mich selbst als Erstes gesagt habe, dass ich früher extrem schüchtern war?

Aus Angst, etwas falsch zu machen oder mich mit einer Frage zu blamieren, war ich die meiste Zeit über still, was einfach bedeutete, dass ich nicht in meiner Identität verwurzelt war.

Warum das so war? Ich könnte meiner Erziehung die Schuld geben. Ich komme aus einem sehr strengen Elternhaus, in dem Regeln und Vorschriften Vorrang vor Beziehung hatten. Ich habe meine Mutter und meinen Vater nicht in erster Linie als meine Freunde erlebt, sondern eher als strenge Lehrer.

Versteh mich nicht falsch, sie haben uns sechs Kinder sehr geliebt, aber sie konnten es nicht immer auf eine Art und Weise ausdrücken, die mein Herz erreicht hätte.

Wir haben heute eine tolle Beziehung, und sie sind meine größten Fans! Doch damals hinterließ diese kühle Strenge eine große Unsicherheit in mir. Es gab mir das Gefühl, dass ich nicht gut genug war, wenn ich nicht perfekt funktionierte.

Mein Vater war ein Genie, und es gab absolut nichts, was er nicht tun, konstruieren, bauen, reparieren oder managen konnte. Außerdem beherrschte er die Dinge nicht einfach nur so ein kleines bisschen, nein, er machte und bearbeitete sie auch noch perfekt. Ich meine das jetzt ganz ernst. Hier spricht nicht nur ein Kind, das mit den Superhelden-Fähigkeiten seines Vaters prahlen will.

Die Tatsache, dass ich gezwungen war, schneller erwachsen zu werden, als es meinem Alter entsprach, als ich mit elf Jahren auf ein Internat kam, Hunderte Kilometer weit weg von meinen Eltern, mag zwar für meine Selbstständigkeit förderlich gewesen sein, doch es brachte mitunter auch sehr viele Selbstzweifel mit sich.

Aber unsere Umstände bestimmen nicht, wer wir sind. Gott hat uns mit einer einzigartigen DNA erschaffen; mit einer Identität, die uns niemand nehmen kann!

Als ich vier Jahre alt war, fing unser Haus in Wewak auf Papua-Neuguinea Feuer und brannte buchstäblich bis auf den Grund nieder. Bis heute wissen wir nicht genau, wie das passiert ist und was der Auslöser war. Mein Vater jedoch glaubt, dass jemand vorsätzlich den Raum im Erdgeschoss in Brand gesetzt hat – dieser Raum diente als ein Minilager für alle Bibeln, für christliche Literatur und etliche weitere Hilfsmittel.

Das Verrückte dabei: Unsere Familie hatte geplant, in den nächsten Tagen das Land zu verlassen …

Die Flüge in die Schweiz waren gebucht und viele Koffer bereits gepackt. Und dann kam dieses verheerende Feuer – so kurz vor der Abreise. Ich sehe uns immer noch an einem Samstagabend zusammengedrängt in der Dunkelheit stehen und verzweifelt und ehrfürchtig beobachten, wie unser geliebtes Zuhause mit all unseren Sachen ein Opfer der Flammen wird und in sich zusammenfällt.

Meine ältere Schwester weinte um ihre Zahnspange, mein Bruder war wütend, dass er einen leeren Koffer gegriffen hatte anstelle eines gepackten, und meine andere Schwester jammerte über den Verlust ihrer Lieblingskuscheldecke.

Wir verloren alles, was wir an materiellen Dingen besaßen. Aber das, was mein Vater und meine Mutter über Jahre hinweg aufgebaut hatten, das verloren wir nicht. Denn sie hatten kein Imperium aus materiellen Gütern geschaffen, sie bauten vielmehr mit Menschen und für Menschen etwas, das Bestand hat.

Die Leute in unserer Umgebung unterstützten uns enorm und boten uns sofort einen Schlafplatz an. Familien öffneten ihre Häuser und überschütteten uns mit Liebe und Gütern!

Innerhalb von Stunden kam es uns Kindern so vor, als hätten wir mehr Spielsachen als jemals zuvor; Spielsachen, großzügig gespendet, unter anderem von einem Jungen, der später mein Ehemann werden sollte! Freu dich auf die Geschichte mit dem ganz speziellen Stofftier, sie folgt in einem späteren Kapitel!

Unsere Pässe waren ziemlich verbrannt, aber wir sahen offenbar glaubwürdig genug aus, um Papua-Neuguinea ein paar Tage später via Hongkong in Richtung Schweiz zu verlassen. Freilich ahnten wir nicht, dass die Grenzkontrolle in Hongkong unsere verkohlten, verbrannten und unleserlichen Pässe nicht akzeptieren und uns stundenlang warten und wie Kriminelle behandeln würde.

Meine armen Eltern … Wir Kinder hatten ja keine Ahnung, was sie durchmachten. Wir wussten nur, dass wir sicher waren, solange wir zusammen und bei unseren Eltern sein konnten. Wir hatten einander. Außerdem hatten wir Spaß und lachten uns einen Ast ab, als wir in dem kleinen kalten und kahlen Raum saßen, uns gegen die Glasfenster lehnten und den geschäftigen Reisenden zuhörten, die unten vorbeiliefen und Trolleys hinter sich herzogen, deren Räder und Rollen sich auf dem unebenen Boden des Terminals anhörten wie unzählige kleine Fürze. Ich höre es noch heute, das «Furzkonzert» und unser Gekicher.

Wie lange sie uns da festhielten, weiß ich nicht mehr, aber du musst bedenken, das war Anfang der 80er Jahre. Die Kommunikation zwischen Botschaften und Behörden war ein langsames, kompliziertes Hin und Her per Telefax (euch Millennials wird Google bestimmt erklären können, was ein Telefax ist!).

Die Moral von der Geschichte? Unsere Pässe mochten verbrannt und unsere beglaubigte Identifizierung auf einem juristischen Dokument dadurch zerstört sein, aber das Feuer konnte nicht unsere wahre Identität verbrennen, unser ursprüngliches Design, das Gott so liebevoll in jede Faser unserer geistlichen DNA eingewoben hat!

Uns können in unserer Kindheit Dinge widerfahren, die uns schwer verwundet und vernarbt zurücklassen, und manche Träume können bis auf den Grund niederbrennen. Aber das kann uns nicht wegnehmen, wer wir sind und wie Gott uns nach Seinem ursprünglichen Design gemacht hat.

Gott ist auf Wiederherstellung spezialisiert, und Er wird alles tun, um uns zurück auf die Bahn zu bringen, für die Er uns gemacht hat, damit wir Seine Hände und Füße auf dieser Erde sein können und so das ausführen werden, was

Er in vielen Situationen auf diesem manchmal ungastlichen Planeten am liebsten mit uns zusammen ausführen möchte. Er will mit dir eine Partnerschaft eingehen, eine Freundschaft, um den Himmel auf die Erde zu bringen. Und Er wird uns oft wiederherstellen und in die richtige Spur zurück setzen, und das auf eine derart unaufdringliche und schöne Weise, dass wir nicht einmal bemerken, wie Er alles zu unserem Besten wirkt. Alles, was es braucht, ist, dass wir Ihm stillhalten und von Ihm heil gemacht werden wollen. Das ist die Entscheidung, die es uns abfordert, immer wieder neu.

Die mangelnde enge Beziehung zu meiner Mutter und meinem Vater hinterließ in mir ein paar deutlich spürbare Risse. Ich war jetzt eine junge Erwachsene und sehnte mich danach, gesehen und für das, was ich leistete, auch anerkannt und gelobt zu werden. Gegenüber anderen Leuten, die mir auf irgendeine Weise bedürftig vorkamen, hatte ich eine harte innere Einstellung, so nach dem Motto: «Come on, stell dich nicht so an!»

Generell versuchte ich verzweifelt, mich anzupassen, um dazuzugehören.

Im Alter von sechzehn Jahren aus einem Dritte-Welt-Land in die Schweiz zurückzuziehen war heftig. Natürlich passte ich da nicht hin und konnte mich nicht mit der Schweizer Kultur identifizieren, die Konformität zu verlangen schien, wenn man vorwärtskommen wollte.

Wie gesagt, Gott kennt sich mit Wiederherstellung aus. Er will dich da haben, wo Er weiß, dass du glänzen wirst.

Gott hatte ein Auge auf mich, als Er dafür sorgte, dass sich meine Wege mit einer unglaublichen Frau kreuzten, die ich wegen der ermutigenden Botschaft, die sie in die Welt trägt, bewundere und liebe. Auf einer Konferenz, bei der sie zu Tausenden von Menschen sprach, nahm sich diese großartige Frau die Zeit, ganz persönlich auf mich einzugehen. Sie sprach Worte des Lebens in meine hungernde Seele – ohne mich zu kennen oder zu ahnen, welchen Einfluss ihr Akt der Liebe auf mich haben würde.

Ich erinnere mich an ihre Worte, als wäre es gestern gewesen: «Ich kenne dich nicht, aber mein Geist kennt dich.» Es war eine so kraftvolle Aussage, die meine Identität bestätigte und mich für immer veränderte.

Seitdem haben sie und ich eine enge Mutter-Tochter-Beziehung. Ich bin Menschen wie ihr zutiefst dankbar: Menschen, die sich trotz ihrer vollen Terminkalender und ihrer begrenzten Zeit einen wachen Geist bewahren, um sich von dem Gott des Universums leiten zu lassen, der sie in eine einflussreiche Leiterposition gestellt hat. So wie meine Mentorin: Während sie Tausende mit ihrer Botschaft inspirierte, sah sie dennoch die einzelne Person – mich! – und trat mit mir in Kontakt.

Ich bin nicht die Einzige, die in ihrer Seele Heilung erleben darf, um vorwärtszugehen und alles zu tun, wozu ich geschaffen worden bin. Auch du bist der Augapfel Gottes. Er lebt dafür, zu sehen, wie du aufblühst und deine Bestimmung findest und auslebst. Und Er bringt dich zu Seiner Zeit mit den richtigen Leuten zusammen!

Marianne Williamson, die Autorin von «A Return to Love» (deutsch: «Rückkehr zur Liebe») sagt so schön:

Unsere tiefste Angst ist nicht, dass wir unzureichend sind. Unsere tiefste Angst ist, dass wir über alle Maßen fähig, kräftig und wirkungsvoll sind. Es ist unser Licht, nicht unsere Dunkelheit, die uns am meisten Angst macht. Wir fragen uns: «Wer bin ich schon, dass ich brillant, wunderschön, talentiert, fabelhaft sein soll?» Aber wer bist du eigentlich *nicht?* Du bist ein Kind Gottes. Es nützt der Welt nichts, wenn du dich kleinmachst.

Es ist nicht besonders heilig, zu schrumpfen, nur damit sich andere Menschen um dich herum nicht verunsichert fühlen. Wir alle sollen leuchten, so wie Kinder. Wir wurden geboren, um die Herrlichkeit Gottes, die in uns ist, zu verkünden. Sie ist nicht nur in ein paar wenigen, sie ist in jedem von uns. Und wenn wir unser eigenes Licht leuchten lassen, geben wir unbewusst anderen Menschen die Freiheit, dasselbe zu tun. Wenn wir von unserer eigenen Angst befreit sind, befreit unsere Gegenwart automatisch andere.

Ist das nicht stark?! Indem du deine Gaben und Talente glanzvoll auslebst, lädst du andere dazu ein, das Gleiche zu tun. Wenn du vollkommen du selbst bist, setzt du andere frei. Deine Gegenwart wird für andere einen sicheren Raum schaffen, das Gleiche zu tun.

Wenn wir alle in unserer Bahn laufen, jubelt der Himmel uns zu. Und hier bin ich: Ich laufe in meiner Bahn und erzähle dir nun ein wenig mehr von meiner ungefilterten Geschichte. Ich bin begeistert, dass du in deiner Bahn neben mir läufst!

#fühlstdudichsicher

«Fühlst du dich sicher?»

Das ist die Frage, die ich meinen Kindern von dem Moment an gestellt habe, als sie – wenn auch noch wackelig – erstmals auf ihren eigenen zwei Beinen standen. Ich glaube fest daran, dass wir so Vertrauen in unseren Kindern schaffen und ihnen auf diese Art und Weise Selbstvertrauen beibringen können. Denn wer bin ich am Ende des Tages, dass ich wirklich wissen könnte, was sie fühlen und sich zutrauen?

Jede und jeder von uns hat seine ganz eigene Portion Abenteuergeist mitbekommen. Ich meine damit nicht bloß den Mut, Dinge zu wagen, die Adrenalin ausschütten. Ich meine damit auch nicht, dass ich meinen Kindern erlaube, sich in gefährliche Situationen zu stürzen, statt sie davor zu bewahren. Natürlich balanciert mein Zweijähriger nicht über einen Baumstamm am Rande einer hundert Meter tiefen Klippe, und natürlich lehne ich mich dabei nicht relaxed zurück und frage: «Na, fühlst du dich sicher?» Nein, so was tue ich nicht. Aber als Mutter habe ich die Verantwortung, meine Kinder in ihrem Selbstvertrauen zu stärken und ihnen zu helfen, ihre Position und ihren Standpunkt zu finden und sich eine innere Sicherheit aufzubauen.

Ich gebe dir ein Beispiel. Einer unserer Söhne, damals ungefähr fünf Jahre alt, kletterte auf einen Baum in unserem Garten und war bereits auf einer recht schwindelerregenden Höhe angekommen, als ich ihn sah. Es machte mich nervös, ihn an einem ziemlich dünnen, trockenen Ast hängen zu sehen. Ich holte tief Luft und rief:

«Fühlst du dich sicher?»

Er grinste: «Ja, Mami» – und kletterte weiter.

Als er noch etwas höher hinaufgekommen war, wiederholte ich meine Frage. Er schaute herunter und antwortete:

«Ich fühle mich sicher, ja. Was denkst du, wie hoch ich klettern kann, Mami?»

«So hoch und so lange, wie DU dich sicher fühlst.»

Er stieg noch einen Ast höher und machte sich dann, obwohl er noch hätte weiterklettern können, wieder auf den Weg nach unten.

Ich erinnere mich noch an eine andere Situation im Schwimmbad, wo es unterschiedlich hohe Sprungbretter gab. Unser ältester Sohn hatte bereits einen Rückwärtssalto vom Fünfmeterbrett gemacht, als er mich fragte:

«Mami, kann ich einen Rückwärtssalto vom Zehner machen?»

Meine Antwort war – du errätst es:

«Fühlst du dich sicher?»

Er war im Turnverein gewesen, als er kleiner war, und wusste also, wie so ein Rückwärtssalto geht. Er hatte es nur noch nie aus einer derartigen Höhe versucht.

Er stellte sich vor dem Sprungturm an, und ich konnte sehen, wie er ein wenig zögerte. Als er oben angekommen war, wartete er eine Minute und sprang dann direkt hinunter, ohne den Salto zu machen.

Er bestieg den Turm wieder und wieder, um zu springen. Aber er tat es niemals, ohne sich vorher immer mal kurz für den Rückwärtssalto zu positionieren. Ich denke, er stellte es sich jedes Mal vor; er visualisierte sozusagen, wie es wäre, wenn …

Später am Nachmittag rannte er strahlend auf mich zu und rief: «Ich hab's geschafft, ich hab's geschafft! Komm und schau mir zu!» Er hatte seine Ängste bei jedem Aufstieg Stück für Stück überwunden, ohne dass ich ihn zu etwas anspornte oder zu etwas überredete, wozu er noch gar nicht bereit war. Er tat es in seinem ganz eigenen Tempo, denn er spürte, was noch fehlte, bis er sich für diesen Sprung sicher genug fühlte. Er wusste, dass niemand ihm die Entscheidung abnehmen konnte.

Den letzten Kick hatte ihm dann der Bademeister gegeben, der ihm den Countdown gab:

«Drei – zwo – eins, LOS!»

Diese Interaktion zog sich durch die gesamten Kindheits-
jahre unserer Kids. Wann immer sie sich auf ein neues
Abenteuer einlassen wollten und mich um Erlaubnis fragten, fragte ich zurück:

«Fühlst du dich sicher?»

Und du musst wissen: Ich habe echt wilde Kinder, und
besonders mein Ältester ist ein tollkühner Draufgänger!

Aber diese Frage hat sie jeweils sofort dazu gebracht, sich
selbst zu reflektieren – und es hat immer funktioniert! Ich
werde später erklären, warum.

Wann immer wir uns auf ein neues Abenteuer einlassen,
sollten wir uns vorstellen, wie jemand fragt: FÜHLST DU
DICH SICHER? Für mich ist diese Person letztlich Gott. Er
ist so real für mich, und Er ist derjenige, der mich in- und
auswendig kennt. So wie ich meine Kinder kenne, so kennt
Er mich.

Ich weiß, was meine Kinder bereits gelernt haben – und
ob sie bereit sind, etwas zu wagen, was sie noch nie vorher
getan haben. Und trotzdem komme ich an meine Grenzen,
wenn es darum geht, wirklich zu wissen, wozu sie fähig sind.
Meine Aufgabe ist es, eine sichere Umgebung zu schaffen
und die Kinder so zu fördern, dass sie lernen, an sich selbst
zu glauben. Genauso …

… wie Gott es für mich tut! Er schafft die optimale sichere
Umgebung und die Übungsplätze für jeden von uns, um
uns auf mehr vorzubereiten: auf mehr Höhe, mehr Tiefe,
mehr Wirkungsbereiche, mehr Wagnis, einfach auf mehr
von Ihm. Und weil es Ihm immer um Beziehungen geht,

wird Er dir immer wieder Menschen über den Weg schicken, die dir die «Fühlst du dich sicher?»-Frage stellen und dich bei deinem Abenteuer begleiten.

Was brauchen wir, damit wir uns sicher genug fühlen, um tatsächlich etwas zu wagen?

1. Kenne deine Grenzen.
2. Sei dir darüber im Klaren, wer am Ruder sitzt.
3. Such dir ein Umfeld, das dich nicht geringschätzt.
4. Finde jemanden, der dir sagt: «Ich vertraue dir.»

1. Kenne deine Grenzen

Unsere Grenzen zu kennen bedeutet nicht, dass wir in ihnen bleiben müssen. Es bedeutet anzuerkennen, wo wir stehen, mit einem neuen Ziel im Hinterkopf und bereit, einen Schritt weiterzugehen. In dem Beispiel von dem Rückwärtssalto kannte ich meine eigenen Grenzen. Mir wäre nie auch nur der Gedanke gekommen, selbst so einen Sprung zu wagen. Aber meinen Sohn wollte ich nicht da festhalten, wo ich stand, zumal er mir schon etliche Schritte voraus war.

Heißt das: Ich bin weniger wert? Auf keinen Fall. Wir alle haben unsere eigenen Grenzen, zugeschnitten auf unsere Persönlichkeit und die Umgebung, in der wir aufwachsen. Wenn wir alle in unserer Bahn bleiben und uns auf unser

Rennen konzentrieren würden, könnten wir viel weiter gehen und viel mehr erreichen.

Unsere Grenzen zu kennen gibt uns Sicherheit und bereitet uns gleichzeitig darauf vor, aus unserer Komfortzone zu treten, dabei jedoch innerhalb unserer «Gabenzone» zu bleiben.

Ich werde niemals den Rat vergessen, den mir ein Kitesurfing-Lehrer gab, als ich ihm erzählte, ich wolle lernen, höher zu springen. Er sagte: «Ich habe dich eine Zeit lang beim Kitesurfen beobachtet, und wenn du so weitermachst, wirst du niemals besser werden. Du bleibst in deiner Komfortzone. Du surfst hin und her wie ein Profi, aber ich sehe dich nie etwas Neues ausprobieren. Es wird höchste Zeit, dass du einen Schritt weitergehst.»

Er zeigte mir, wie es ging, gab mir ein paar Instruktionen – und dann lag es an mir, es aufs nächste Level zu schaffen.

Manchmal müssen wir ein wenig mehr wagen, um zu verstehen, wo unsere Grenzen liegen, und um zu merken, wo wir zurückgehen und an etwas arbeiten oder etwas verändern müssen. Oder wir müssen den Mut zum Risiko haben, um herauszufinden, was wir im Leben tun sollten, um unser volles Potenzial abzurufen und zu entfalten.

Lass mich dir etwas über das Sozialunternehmen erzählen, das wir in Tel Aviv gegründet haben und über das du in den folgenden Kapiteln mehr erfahren wirst. Mehr als einmal stießen wir dabei an unsere Grenzen, aber wir brannten dafür, unsere Vision Realität werden zu lassen: Jobs für Männer und Frauen zu schaffen, die moderner Sklaverei entkommen sind.

Wir hatten eigentlich nicht die geringste Ahnung, wie die Umsetzung dieser Vision in der Praxis wirklich aussehen könnte. Wir gingen einfach immer den nächsten offenkundigen (und manchmal auch weniger offenkundigen) Schritt – ohne Garantie, dass das Geschäftsmodell irgendwann funktionieren würde.

Wir traten mit einer Recycling- bzw. Upcycling-Idee an, die ganz dem Charakter der Leute entspricht, mit denen wir arbeiten. Unser Motto hieß:

Aus Weggeworfenem Schätze machen.

Also fingen wir an, aus Europaletten Möbel herzustellen. Unter den unglaublich talentierten Händen sowohl von Profis als auch von Leuten, in deren Vergangenheit viel schiefgelaufen war, entstanden die tollsten Designerstücke. Es war erstaunlich zu sehen, was diese Menschen in einer sicheren, vorurteilsfreien und vertrauensvollen Umgebung zustande brachten.

Obwohl wir innovative Designs für Palettenmöbel entwickelten, erreichten wir weder unsere Ziele noch den erwarteten Ertrag. Auf der sozialen Seite war unser Unternehmen stark; auf der unternehmerischen Seite eher weniger.

Mein Mann und ich können beide viel besser mit Menschen umgehen als mit Geld und Profiten. Unsere Sozialkompetenz war gewiss ausgeprägt, aber unsere Finanzen waren schnell aufgebraucht. Wir kamen an unsere Grenzen, und Gott musste mächtig eingreifen, indem Er uns einen brillanten und sehr großzügigen Geschäftsmann sandte, der das Ruder herumriss.

Weißt du, wenn du etwas tust, woran Gott noch mehr liegt als dir selbst, und wenn Er dich dazu brauchen möchte, dass es ausgeführt wird, dann wird Er sich darum kümmern.

Dieser Geschäftsmann verpasste uns einen ordentlichen Tritt in den Hintern, indem er uns vor Augen führte, wie die Realität aussah und dass wir unser Unternehmen kläglich in den Sand setzen würden, wenn wir so weitermachten wie bisher. Wir mussten uns von den Europaletten-Möbeln verabschieden und uns mit ganzer Energie auf ein neues Produkt stürzen, indem wir aus Kitesurfing-Schirmen trendige und modische Taschen machten. Diese Idee stammte von einer Modedesignerin und Schneiderin aus der Schweiz, Rebekka Federer, die uns ihr Label «KitePride» selbstlos vermachte.

Dieses neue Produkt und die neue Ausrichtung unserer Firma «A.I.R. Ltd.» sollten das erfüllen, worauf wir hofften: Erstens mehr Arbeitsplätze für diejenigen zu schaffen, die aus Schutzhäusern und von spezialisierten Organisationen zu uns geschickt wurden, und zweitens das ganze Unternehmen hoffentlich dahin zu bringen, dass es sich trug und eine gewisse Nachhaltigkeit erreichte.

Lass mich diesen Punkt mit einer witzigen Geschichte zusammenfassen, die mir meine eigenen Grenzen zeigte.

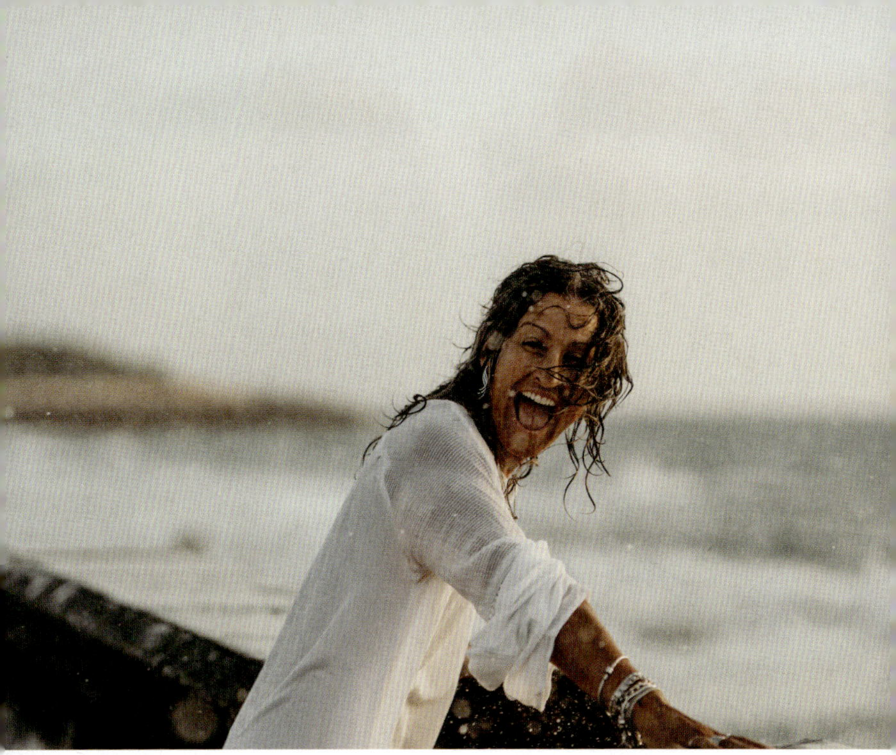

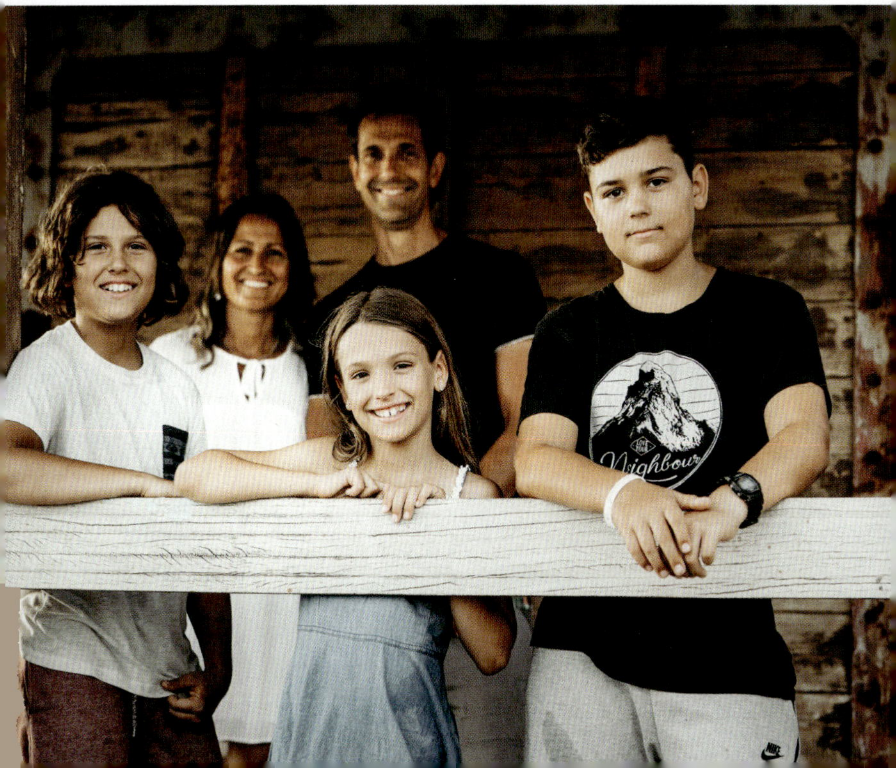
NIKE

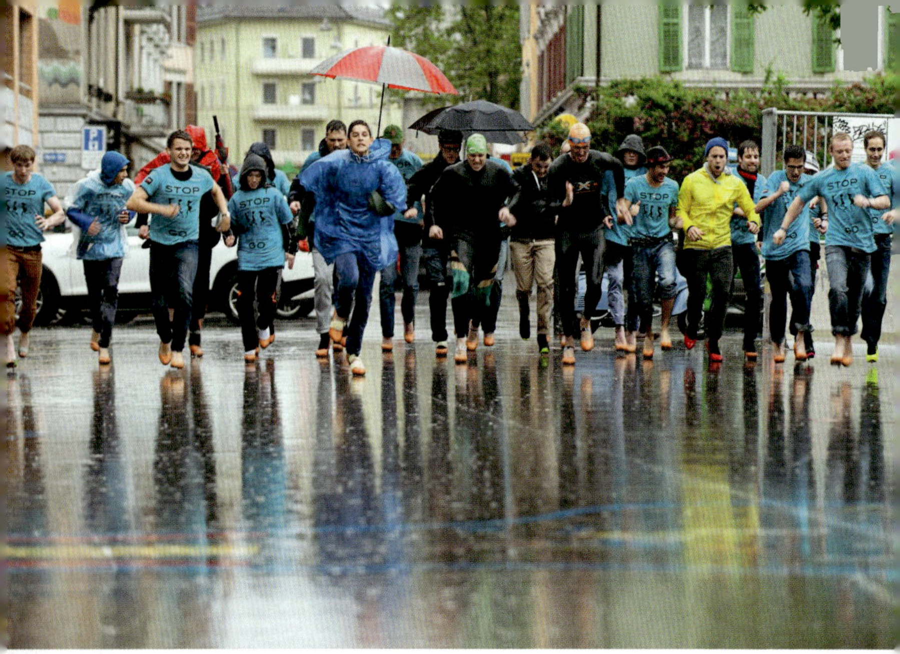
STOP
GO

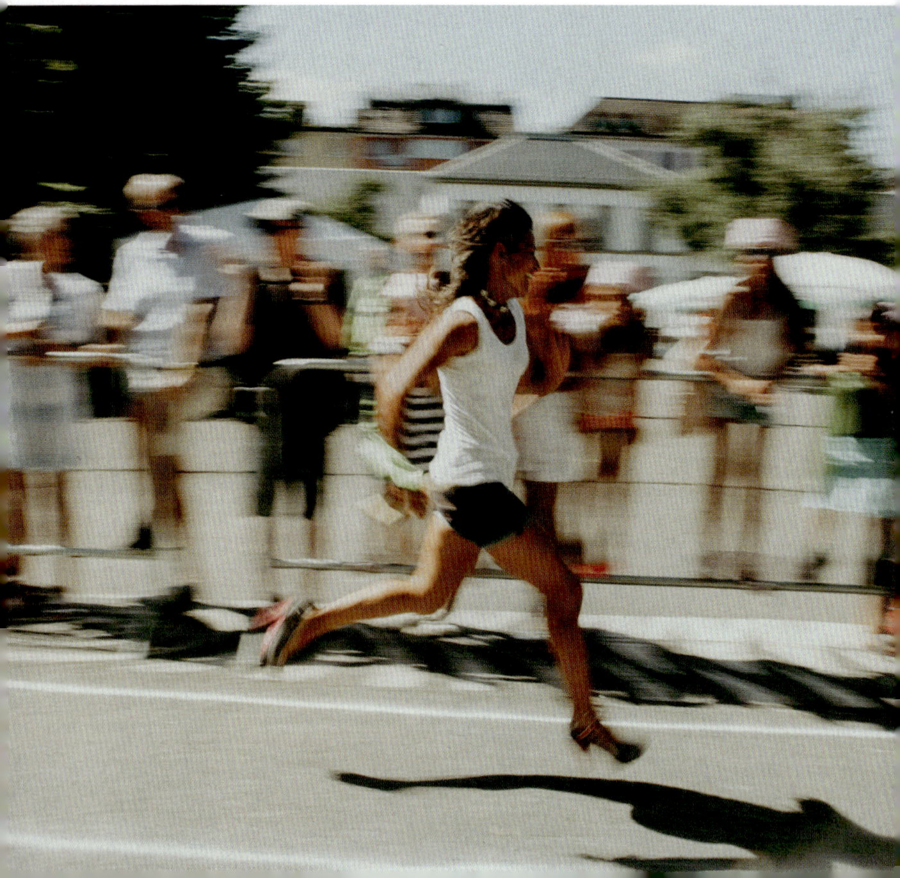

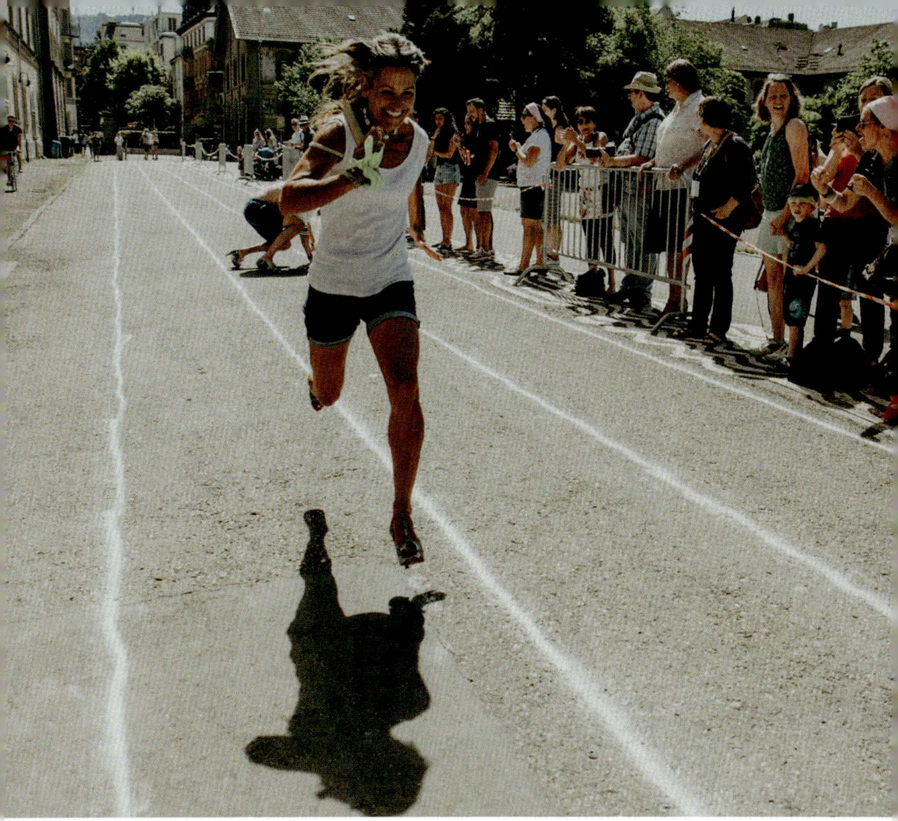

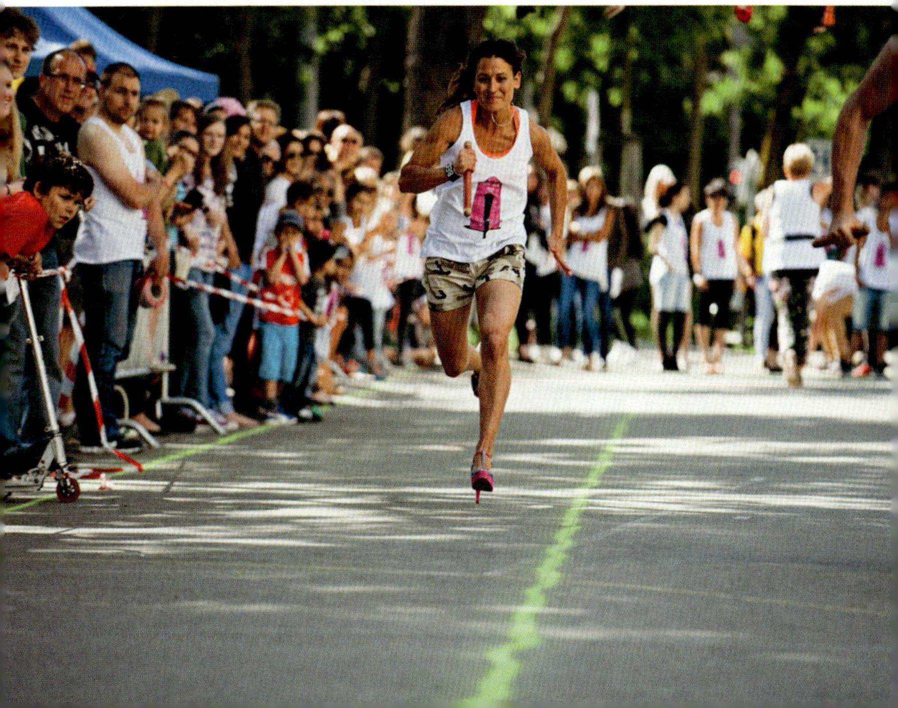

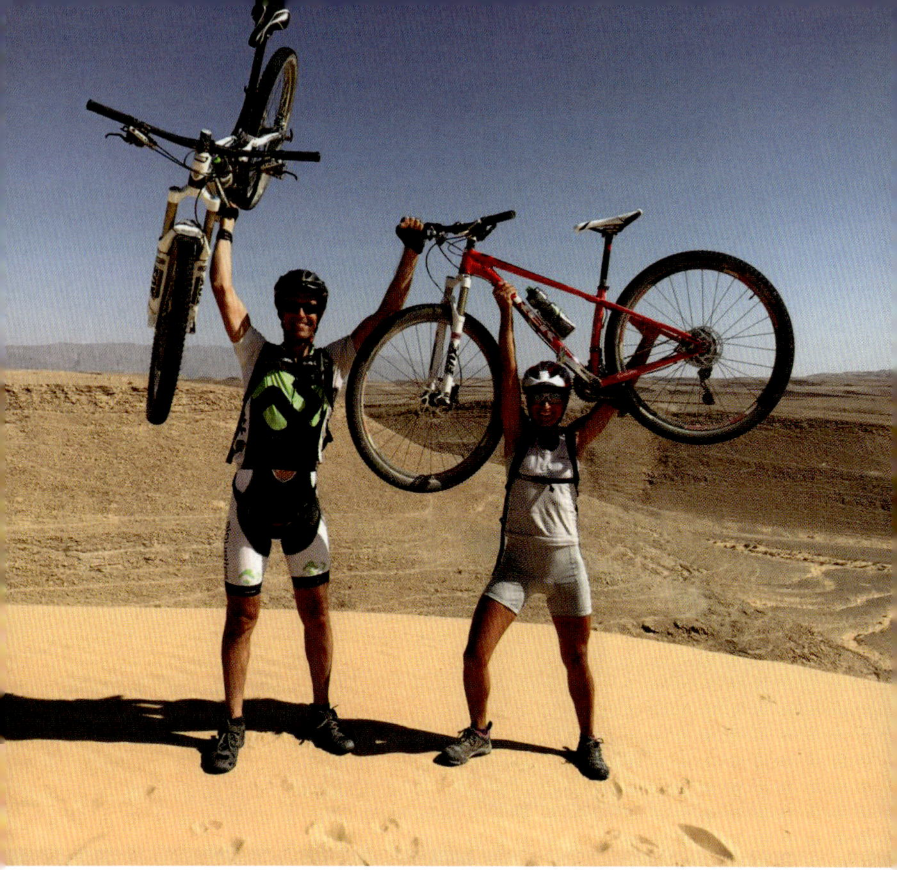

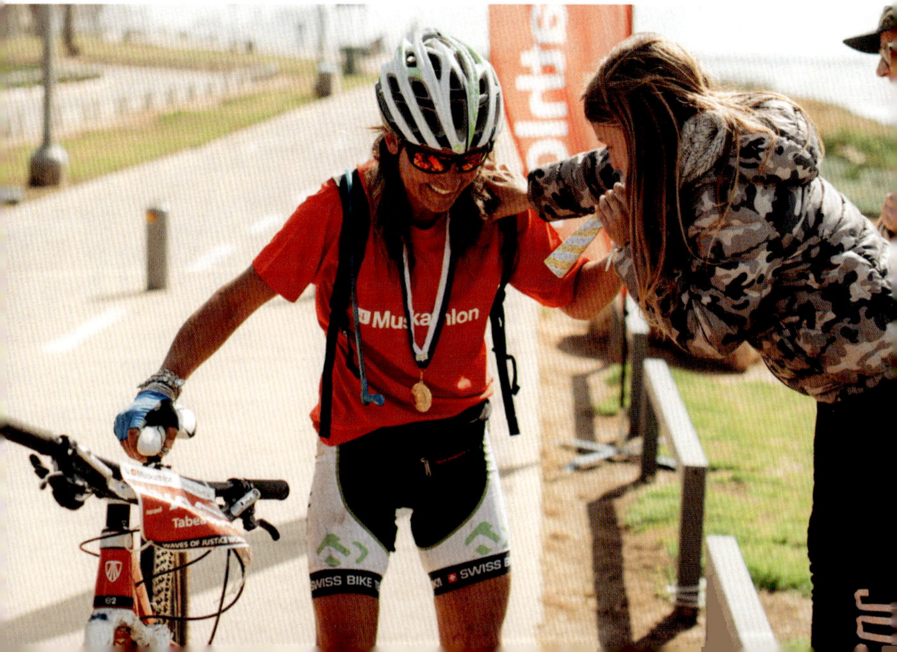
SWISS BIKE

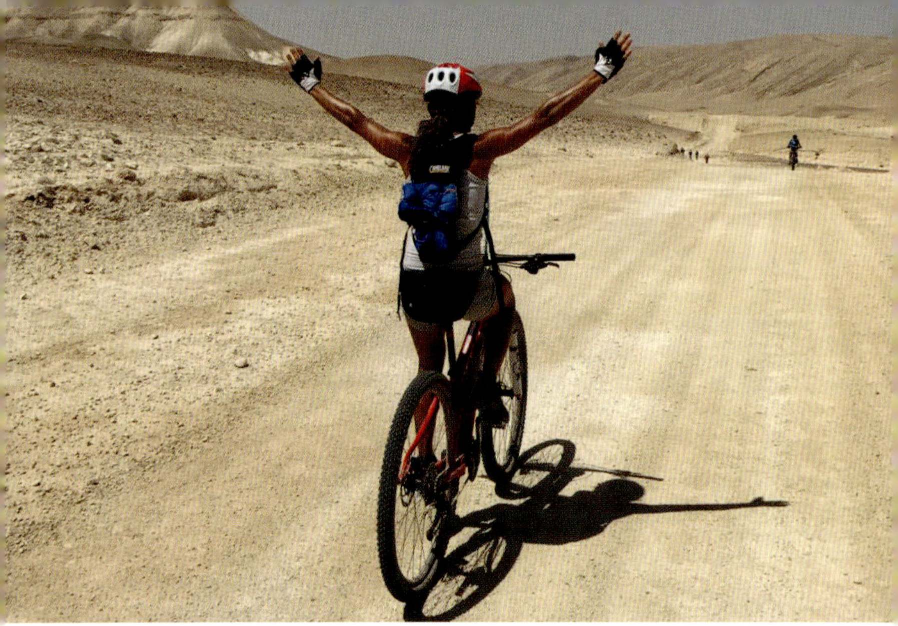

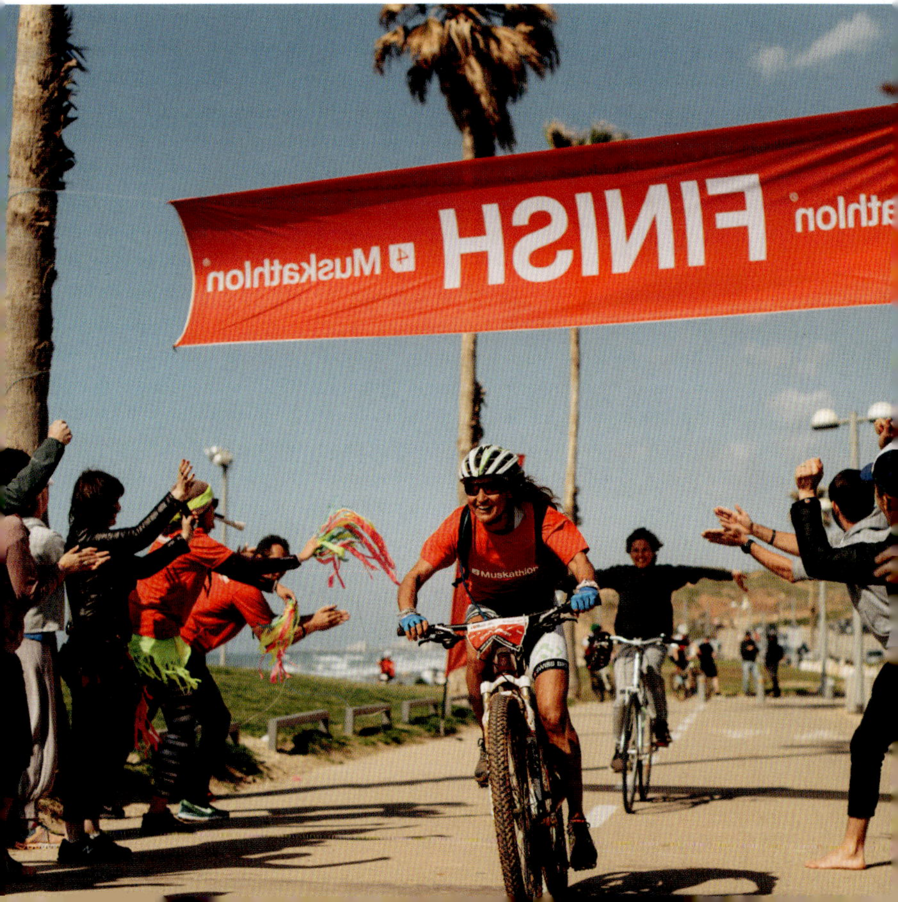
FINISH
Muskathlon
Muskathlon

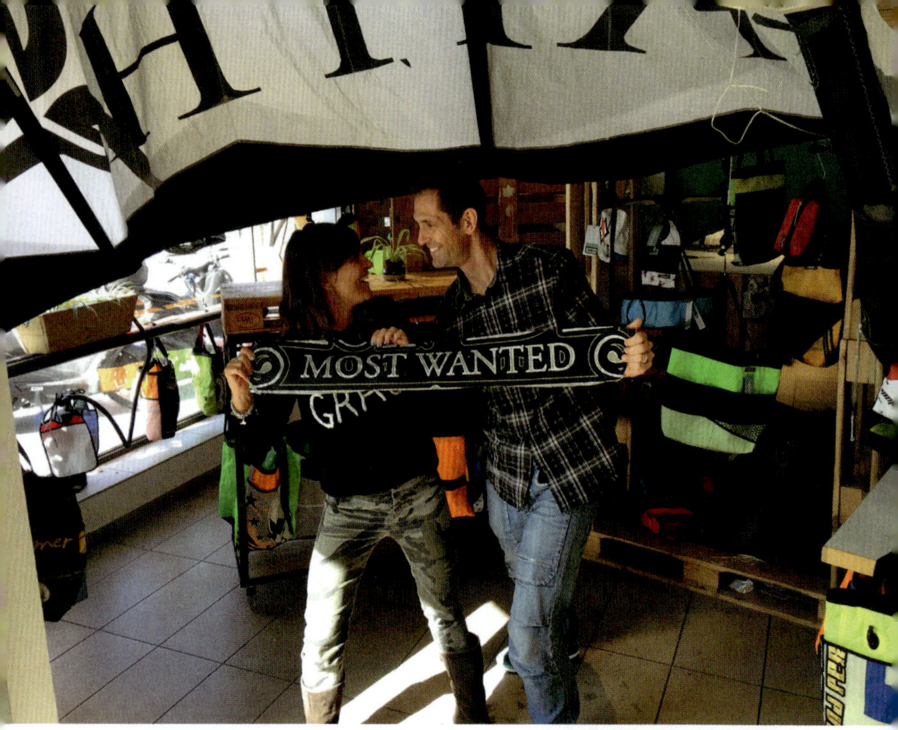
MOST WANTED

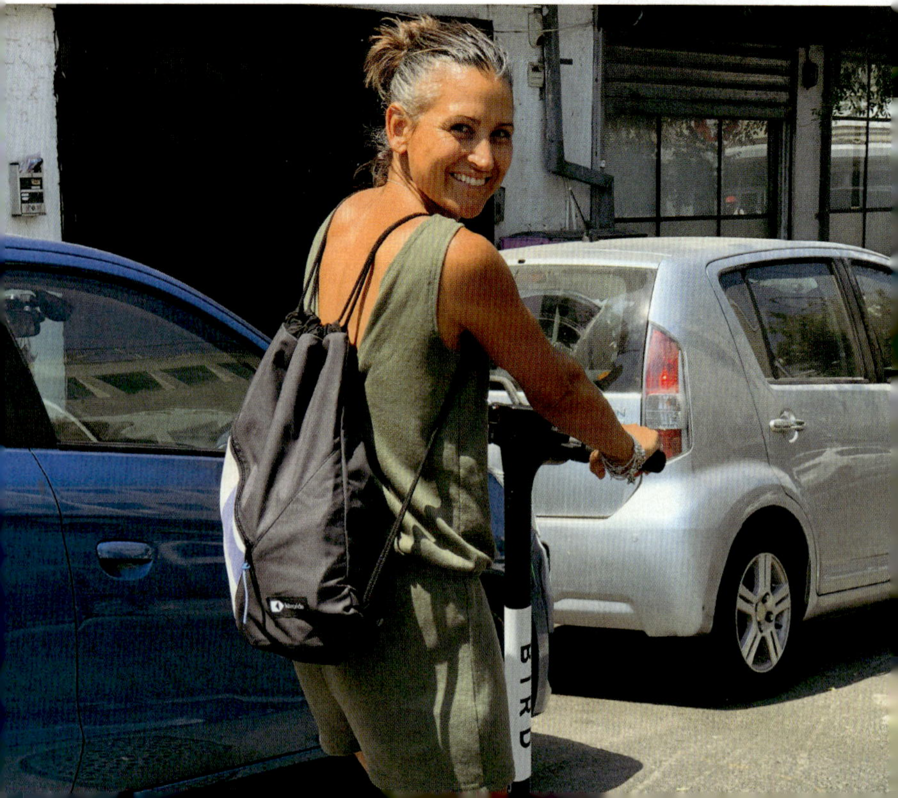
BIRD

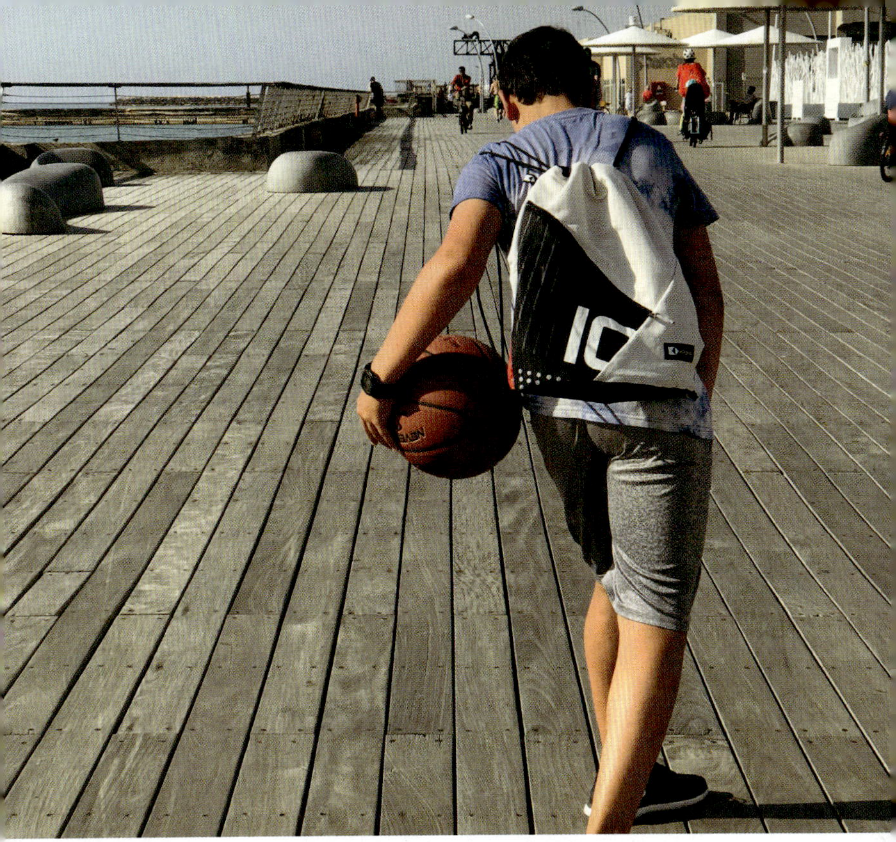

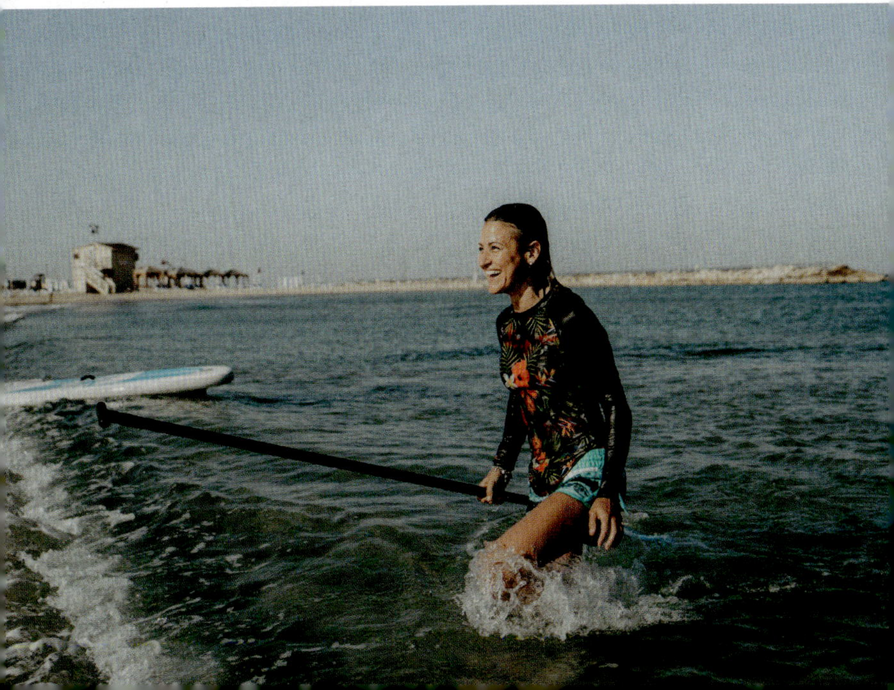

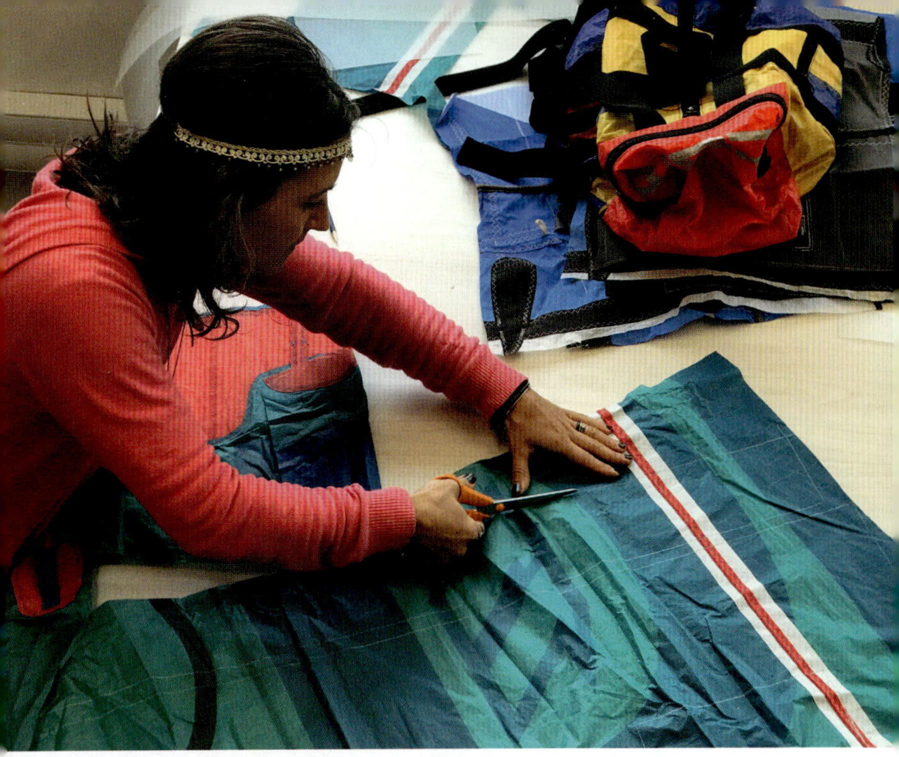

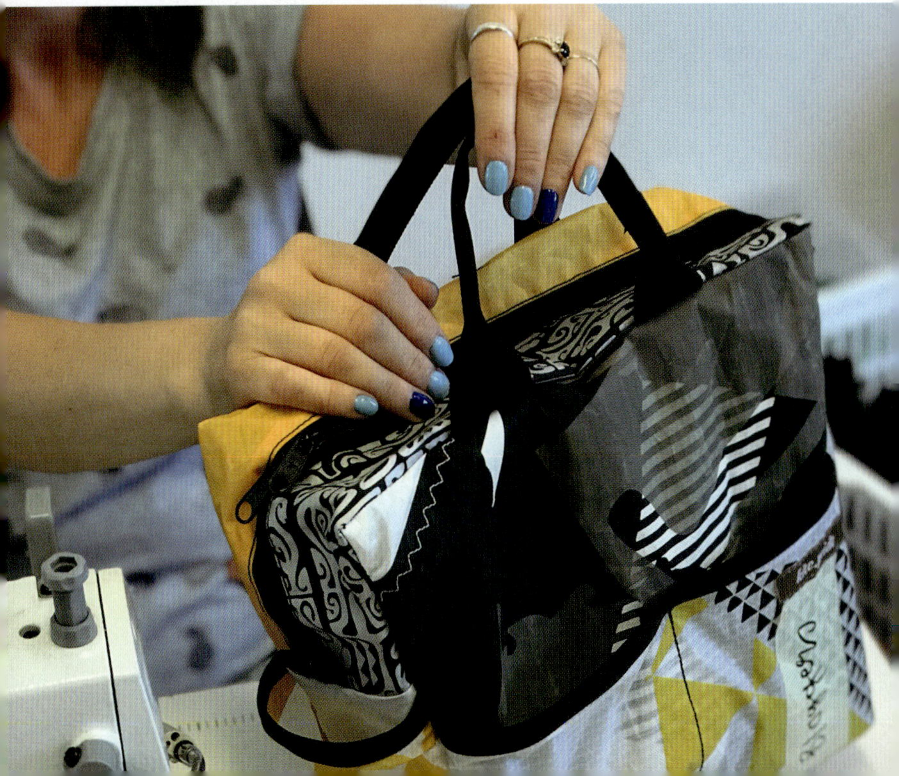

Ich war hier in Tel Aviv kitesurfen. Mein Mann und ich hatten beide Geburtstag, und ich hatte ihn gebeten, früh von der Arbeit nach Hause zu kommen. Denn es war a) UNSER Geburtstag, UND wir hatten b) guten Wind! Ein doppelter, nein, warte, ein dreifacher Segen!

Die Bedingungen waren perfekt für meinen Neun-Quadratmeter-Schirm! Doch nach ein paar Runden bemerkte ich, dass mein Schirm Luft verlor. Das Ventil war kaputt, also musste ich es mit dem Sieben-Quadratmeter-Schirm versuchen. Nichts konnte mich von einer Geburtstags-Kitesurfing-Session abhalten!

Da dieser Schirm für diese Windbedingungen gerade so hinreichte und ein älteres Modell war, das sich nur schwer neu starten ließ, wusste ich, dass ich da draußen auf Nummer sicher gehen musste, wenn es überhaupt funktionieren sollte.

Zu meiner Begeisterung tat es das! Ich war unaufhaltsam unterwegs auf den Wellen – bis zu meiner letzten Runde in der goldenen Abendsonne. Plötzlich fiel der Schirm vom Himmel, als ich auf eine windstille Zone traf, und landete auf dem Wasser.

Kein Grund zur Panik, nein …

… aber ich hatte dieses mulmige Bauchgefühl, dass ich den Kite nicht wieder hochbringen würde, und ich war wirklich weit draußen auf dem Meer …

Der Neustart misslang, also begann ich eine Selbstrettung, die durch eine Lautsprecherstimme unterbrochen wurde, die mir zurief, ich solle bleiben, wo ich war. Es war die israelische Küstenwache auf ihrer letzten Patrouille vor dem Sonnenuntergang. Sie waren wortwörtlich aus heiterem Himmel aufgetaucht.

Ich grinste verlegen und fragte sie, ob mich das Geld kosten würde. Sie überhörten meine Frage und machten sich einfach daran, mich und meine Ausrüstung zu bergen. Nachdem alles sicher an Bord verstaut war, erkundigte ich mich noch einmal, ob ich eine Strafe zahlen müsste, wobei ich auch einstreute, dass es mein Geburtstag war.

Die beiden Beamten von der Küstenwache lachten nur und fuhren los, direkt auf den Hafen von Tel Aviv zu. Am Anleger setzten sie mich mitsamt meiner Ausrüstung ab und versprachen, mir das Selfie zu schicken, das wir geschossen hatten. Schließlich brauchte ich einen Beweis für meine polizeiliche Rettung!

2. Sei dir darüber im Klaren, wer am Ruder sitzt

Zu wissen, wer am Ruder ist, bedeutet für mich: Ich kenne den, der mich an das nächste Ziel bringen möchte, und vertraue auch auf seine Hilfe. Es bedeutet auch, den Unterschied zu verstehen zwischen einer Person, die am Ruder ist, und einer, die dich kontrollieren und manipulieren will. Jemand, der die Führungsverantwortung hat, wird dir zu verstehen geben: «Ich stehe hinter dir!», statt zu sagen: «Hahaha, das habe ich kommen sehen. Aber ich dachte mir, du musst es eben auf die harte Tour lernen!» Die Person, die am Ruder sitzt, wird mich nicht kontrollieren und runterputzen, sondern mich freisetzen und mich sanft in der Kunst der Selbstreflexion anleiten.

Zurück zu dem Beispiel mit dem Rückwärtssalto. Ich ermunterte meinen Sohn dazu, selbst herauszufinden, wozu er fähig war. Thema «Identität». Das führte dazu, dass er verstand, was er tun musste, um zu bekommen, was er wollte, nämlich: einen erfolgreichen Rückwärtssalto vom Zehner hinkriegen. Jetzt übernahm er das Ruder. Er musste die nächsten Schritte innerhalb seiner Sicherheitszone planen und vollziehen und nun das tun, was ihn schließlich aus seiner Komfortzone herausführen würde – in dem Wissen, dass da jemand war, der an ihn glaubte. Und da war ja nicht nur ich, seine Mutter, sondern da war auch der Rettungsschwimmer, der ihn bei dem Stunt anfeuerte und «Drei – zwo – eins, LOS!» rief.

Ja, wir brauchen Freunde, die uns anfeuern und uns diesen zusätzlichen Schub geben; Freunde, die keine Angst haben, uns gewinnen und am Ende vielleicht viel weiter gehen zu sehen, als sie selbst es womöglich jemals tun werden.

In meinem Kitesurfing-Fall lag es an mir, herauszufinden, was ich verbessern musste. Die Meilensteine zu definieren, die mir das Gefühl der Sicherheit gaben, damit ich mich auf die nächste Stufe des Kitesurfens hochschwingen konnte.

Ich persönlich hatte immer dann schneller Erfolg, wenn es ein Rettungsboot in der Nähe gab. Denn das bedeutete: Egal, was passierte, mir würde sofort geholfen werden.

Aber das zeigte mir auch wieder meine Unsicherheiten. Warum brauchte ich ein Rettungsboot oder jemanden, der mich absicherte? Vermutlich, weil ich mir nicht hundertprozentig sicher war, wie ich mich selbst retten und meinen Ride unter all den möglichen schwierigen Bedingungen neu starten konnte.

Ich musste also noch einmal zurück und die Grundlagen des Kitesurfings üben.

Wann immer wir uns nicht sicher genug fühlen, um etwas Neues auszuprobieren, bedeutet das, dass wir die Wurzel dieser Unsicherheit finden und an dieser «Baustelle» arbeiten müssen.

Auf der geschäftlichen Ebene zu wissen, wer am Ruder ist, bedeutet für mich auch, dass man sich mit Beratern und Fachleuten umgibt, die deine Vision verteidigen, bewahren und weitertragen. Das erfordert Offenheit und Verletzlichkeit – indem wir ohne Angst vor Verurteilung und abschätzigen Bemerkungen ausdrücken, wer wir sind und wofür wir stehen, aber auch bereit sind, mithilfe des Wissens vertrauenswürdiger Menschen eine positive weitere Entwicklung herbeizuführen.

Ich liebe Brené Browns Aussage in ihrem Buch *Verletzlichkeit macht stark:*

Verletzlichkeit klingt nach Wahrheit und scheint eindeutig mit **Mut** zu tun zu haben. **Wahrheit** und **Mut** sind nicht immer bequem, aber es handelt sich dabei **keineswegs um Schwäche**.

Verletzlichkeit ist keine Schwäche. Sie bedeutet, dass du dich anderen so zeigst, wie du wirklich bist, und dass du dich auch mal auf heikle oder harte Gespräche einlässt. Wir müssen uns den schwierigen Fragen stellen und wissen, was wir brauchen, ohne vorab schon kontrollieren zu wollen, wie die Antworten ausfallen. Und wir müssen (nein: dürfen!) denen vertrauen, denen wir unsere Vision anvertrauen. Dann, so glaube ich, kann wahre Veränderung beginnen, und du kannst deinen Traum ausleben.

Wir können es nicht alleine schaffen.

Die Verantwortung ist zu groß.

Wir brauchen Leute, denen wir Rechenschaft geben.

Und Leute, auf die wir hören.

Eine der schwierigsten Fragen, mit denen wir uns in den ersten Monaten unseres Sozialunternehmens auseinandersetzen mussten, lautete: «Warum in aller Welt macht ihr das in Israel, wenn alle Chancen gegen euch stehen? In Amerika hättet ihr Erfolg!»

Das stellte uns so richtig auf die Probe und führte uns zu Gott zurück, der letztlich die Quelle ist, der am Ruder sitzt und uns buchstäblich nach Tel Aviv gerufen hatte. Und wenn die Chancen schlecht für uns standen, so hatten wir doch die ganze Zeit Frieden darüber, hier zu sein. Es gab einfach zu viele Zeichen und Wunder, die uns nach Israel geführt hatten. Davon werde ich später noch erzählen.

Mich völlig sicher zu fühlen, bedeutet für mich am Ende des Tages, den Einen zu kennen, der letztendlich in meinem Leben das Ruder in der Hand hält. Diese Person ist nicht einfach irgendjemand, der mir nahesteht. Er ist mein Schöpfer, der lebendige Gott, der mich durch und durch kennt und mich erschaffen hat mit dem Ziel, dass ich meine Bestimmung hier auf Erden erfüllen kann.

Wenn ich Ihn suche, dann lässt Er sich von mir finden – und dadurch finde ich mich selbst. Ich glaube, es gibt keinen besseren Cheerleader als Gott selbst. Er feuert uns an, Er verhilft uns zum Sieg! Er ist am Ruder, auch wenn es wirklich hart auf hart kommt.

Wer das von Herzen weiß und glaubt, der hat wirklich die Freiheit, mehr zu wagen!

3. Such dir ein Umfeld, das dich nicht geringschätzt

Eine wertschätzende Umgebung, in der uns andere Menschen auf Augenhöhe begegnen, stärkt uns und gibt uns Raum, Fehler zu machen, zu wachsen und unsere Gaben zum Leuchten zu bringen. Wir sind keine Bedrohung für andere, sondern wir bringen das, was wir weiterzugeben haben – und das ist hoffentlich unser Allerbestes –, um gemeinsam mit all den anderen um uns her, die es genauso machen, etwas Starkes, Schönes und Nachhaltiges hervorzubringen.

Noch einmal das Beispiel unseres Ältesten: Er wusste, dass ich ihn nicht geringschätzen würde, falls er keinen Rückwärtssalto vom Zehner hinkriegen würde.

Hätte er den Mut zu diesem Sprung nicht aufgebracht, so wäre es mir deswegen nicht im Traum eingefallen, ihn für eine Niete zu halten. Was er brauchte, war, dass ich ihm auf Augenhöhe begegnete, also auf seinem Leistungsniveau, um ihm dann die Sicherheit und Stabilität zu geben, von diesem Zeitpunkt an selbst zu entscheiden.

Nicht kritisieren, sondern ermutigen!

Niemand in unserem Einflussbereich kann wachsen, wenn wir ihn vorschnell verurteilen. Niemals. Andere stärken können wir nur, indem wir ihnen auf Augenhöhe begegnen.

Der Kitesurfing-Lehrer gab mir ein sehr konstruktives Feedback, als er mir sagte, was ich tun musste, um höher zu springen. Er kritisierte nicht meinen Leistungsstand, sondern sagte mir einfach nur ehrlich, was er bei mir beobachtete: dass ich damit nicht wirklich weiterkommen würde und dass ich es auf diametral andere Art versuchen solle.

Alles Weitere lag bei mir.

Er war aber immer da, um mir erneut Feedback zu geben und mir bei der Wurzelbehandlung des Problems zu helfen.

Wir arbeiten mit Opfern der Sexindustrie zusammen, die in ihrem Leben auf viele Vorurteile und Vorbehalte stoßen, die sie abwerten und stigmatisieren. Aber nicht in unserem Umfeld. Das lassen wir nicht zu.

Obwohl ich vielleicht nicht immer voll und ganz verstehen kann, woher sie kommen und was sie durchgemacht haben, werde ich mich buchstäblich hinknien, wenn es sein muss, werde ihnen direkt in die Augen schauen und sagen: «Ich sehe dich. Ich weiß, du bist für mehr geschaffen, und ich glaube an dich.»

Wenn sie merken, dass jemand sie auf eine ganz neue Art wahrnimmt, kommt das Beste zum Vorschein, was in ihnen steckt. Sie trauen sich, Fehler zu machen, und wissen, dass sie deshalb nicht verurteilt oder geringgeschätzt werden, sondern dass sie aus den Fehlern lernen dürfen, um neue Schritte zu wagen.

Ich bin überzeugt, dass wir unser Geschäftsmodell deshalb hier in Tel Aviv entwickeln und verfeinern sollen, weil Israel eine Start-up-Nation ist und ein Ökosystem für Unternehmen geschaffen hat, das Denkern und Machern hilft, mit ihren Innovationen durchzustarten.

In der israelischen Gesellschaft wird es wertgeschätzt, wenn man Dinge *anders* macht. Improvisation wird nicht nur toleriert, sondern gefeiert – das ist in der europäischen Kultur nicht so. In einer wertschätzenden Geschäftsatmosphäre kannst du dir eine Plattform schaffen, um Neues auszuprobieren. Scheitern ist dann nichts Beängstigendes, sondern ein Sprungbrett oder ein Baustein, um die nötigen

Veränderungen vorzunehmen und einen neuen Weg einzuschlagen. Jeder bringt dich in so einem Umfeld mit den richtigen Leuten zusammen; mit Leuten, die wirklich alles tun, um dir zum Erfolg und zur Realisierung deiner Ziele zu verhelfen.

Hier in Tel Aviv tickt man so: Wenn du eine Idee hast, such dir die richtigen Leute, die mit dir daran glauben, und dann setze diese Ideen um! Wenn du keinen Erfolg hast, lerne daraus, aber hör niemals auf, es zu versuchen!

4. Finde jemanden, der dir sagt: «Ich vertraue dir.»

Als unsere Kinder älter wurden, habe ich – anstatt sie ständig an die Regeln zu erinnern, die wir in der Familie haben – zu jedem einzelnen gesagt: «Ich vertraue dir.»

Ich vertraute ihnen, dass sie das, was sie zu Hause von meinem Mann und mir gelernt hatten, die Werte und Prinzipien, die sie von uns kannten, mit hinausnehmen würden in eine Welt, die vielleicht nicht die gleichen ethischen Vorstellungen hat wie wir.

Denn wenn wir merken, dass jemand uns vertraut, weckt das in uns einen Wunsch: Wir möchten dem positiven Bild und den Qualitäten entsprechen, die diese Person in uns sieht.

Ich erinnere mich an eine von unseren Angestellten, die beim Nähen einer unserer Taschen einen Fehler gemacht hatte. Sie kam zu mir, um mich zu fragen, ob es wichtig war, dass sie das Missgeschick korrigierte, woraufhin ich ihr mit einem klaren «Aber ja!» antwortete und sie an einen unserer Hauptwerte erinnerte:

Exzellenz.

Ich konnte sehen, wie es fieberhaft in ihr arbeitete: Sie wollte jetzt eine Lösung finden, um mit einem zeitlich vertretbaren Aufwand das Maximale zu erreichen. Als sie eine Idee hatte, wie sie es reparieren könnte, fragte sie mich noch einmal nach meiner Meinung, und ich sah sie einfach an und sagte:

«Ich vertraue dir.»

Ihre Augen leuchteten, als sie wegging, um den Fehler auszumerzen. Sie kam eine halbe Stunde später zurück, um strahlend das Ergebnis zu präsentieren. Niemand hätte danach noch bemerken können, dass vorher etwas falsch gewesen war.

Vertrauen bringt dich dazu, dein Bestes zu geben.

Vertrauen drückt aus: «Ich glaube an dich! Und ich glaube an deinen Traum!» Vertrauen lädt beide Seiten ein, Teil des Traums zu werden.

Mein Mann und ich sind deshalb ermutigt und angespornt, die unglaublich großzügigen Spenden, die wir von Freunden und Fremden erhalten, optimal einzusetzen, um diese Vision Wirklichkeit werden zu lassen:

Wir wollen mehr Möglichkeiten für ausgegrenzte Menschen schaffen. Uns ist die Verantwortung, die wir tragen, sehr wohl bewusst, und wir gehen nicht leichtfertig mit ihr um. Andererseits hilft uns das Gewicht dieser Aufgabe und das Vertrauen all der Leute, diese wertvollen Gaben gemäß unserem besten Wissen und Gewissen zu managen.

Gott hat uns Gaben und Talente geschenkt, und Er vertraut uns, dass wir Ihn nicht enttäuschen werden. Indem wir sie nach Kräften nutzen und ausleben, spiegeln wir Seine große Liebe zu den Menschen und Seinen Wunsch wider, ihnen nahe zu sein.

Jetzt kommt es auf dich an. Jetzt weißt du, was es bedeutet, sich sicher zu fühlen. Und ich sage dir in aller Ehrlichkeit und Liebe:

Wenn du dich nicht sicher fühlst, solltest du dir ein anderes Umfeld suchen. Vielleicht musst du dein Umfeld sogar radikal verändern.

#massagevontabea

Ich denke, das erste Erlebnis, das in mir ein klares Gefühl der Ungerechtigkeit geweckt hat, war das folgende:

Wie du bereits gelesen hast, bin ich in Papua-Neuguinea geboren und aufgewachsen. Da meine Eltern beide Schweizer sind, sind wir dreisprachig aufgewachsen. Wir sprachen Schweizerdeutsch zu Hause, Pidgin-Englisch mit den Einheimischen und Englisch in der Schule. Ich sprach am liebsten Englisch, da das die Sprache war, die wir unter uns Geschwistern am meisten benutzten.

Alle vier Jahre hatten meine Eltern einen sogenannten «Heimaturlaub» zugut, einen längeren Aufenthalt in der Schweiz fernab des Missionsfeldes. Du kannst dir vielleicht vorstellen, wie viele Schulen ich während meiner Kindheit folglich besucht habe. Wir zogen zigmal um, und nein, ich wurde nicht zu Hause unterrichtet.

Während unseres zweiten Heimaturlaubs in der Schweiz

bummelten meine Schwester und ich auf dem Weihnachtsmarkt und sprachen Englisch miteinander, als ich an einem der Marktstände etwas sah, was mir gefiel. Ich war zehn Jahre alt und redete weiter auf Englisch mit meiner Schwester, die sich für mich bei dem Mann am Stand nach den Preisen für seine Sachen erkundigte.

Ich weiß nicht mehr, was mich dort interessierte, aber ich erinnere mich, dass der Verkäufer mich einfach ignorierte und immer nur meine Schwester ansprach, die für mich auf Schweizerdeutsch übersetzte. Woher wir kämen, wollte er von ihr wissen, warum ihre Schwester nur Englisch spreche und sie doch Englisch und Schweizerdeutsch, wer ich denn sei und – wenn ich wirklich ihre Schwester sei – warum ich dann nicht einfach Schweizerdeutsch mit ihnen spräche.

Schließlich kam er zu dem Schluss: Wenn wir wirklich den gleichen Vater hätten, müsse dieser wohl etliche Frauen in seinem Leben gehabt haben. Denn erstens sähen wir uns gar nicht ähnlich, und zweitens sehe er ja, ich könne kein Schweizerdeutsch.

Ich war außer mir! Wie konnte er es wagen, meiner Schwester nicht zu glauben und dann auch noch meinen Vater fälschlicherweise der Schürzenjägerei zu bezichtigen – obwohl mein Vater wahrscheinlich der ehrlichste und treueste Mann auf der Welt war! Ich erinnere mich, wie ich meine Schwester vom Stand wegzog, ohne etwas zu sagen.

Innerlich war ich am Kochen. Diejenigen, die mich kennen, werden kaum glauben können, dass ich meinen Mund nicht aufmachte! Siehst du, ich sagte ja, dass ich schüchtern war! Jetzt hast du den Beweis.

Ich weiß echt nicht, was mich davon abhielt, den Mann anzuschreien (vermutlich lag es daran, dass ich so erzogen worden war, dass man Erwachsenen keine Widerworte gibt), aber ich weiß noch sehr gut, wie wütend er mich mit seiner Andeutung machte, ich sei nicht wirklich die Tochter meiner Mutter. Ich war so sauer! Und was seit damals in mir geblieben ist, ist das Gefühl und die Sensibilität für Ungerechtigkeit.

Wann immer mir seitdem etwas auch nur schon im Ansatz unfair vorkam, verspürte ich den Drang, allen Recht zu schaffen. Mein Vater sagte mir dann oft:

«Tabea, das Leben ist nun einmal nicht fair!»

Wir alle müssen unsere eigenen Schwierigkeiten im Leben meistern; sie sind bei jeder und jedem von uns anders. Das Leben verteilt keine fairen Spielkarten. Es kommt darauf an, was wir mit dem machen, was uns gegeben ist. Und wenn wir einen heiligen Zorn verspüren, dann müssen wir etwas verändern und handeln.

Als ich 2008 das erste Mal von der zunehmenden Kriminalität im Bereich des Menschenhandels hörte, von dem KAUF und VERKAUF von MENSCHEN (Wie bitte? Ich dachte, wir hätten uns im achtzehnten, spätestens neunzehnten Jahrhundert von der Sklaverei verabschiedet?!), da ging «mein gerechter Zorn» – wie ich ihn gerne nenne – in helle Flammen auf.

Ich war geschockt und total erschüttert, dass ich als gebildete Schweizerin nichts über das Ausmaß der modernen Sklaverei wusste. Die Fakten, Zahlen und Statistiken waren an mir vorbeigegangen. Aber als ich in Zürich von Angesicht zu Angesicht mit einem Opfer konfrontiert wurde, bekamen die Zahlen plötzlich einen Namen und ein Gesicht aus Fleisch und Blut. Es dämmerte mir, dass die gefangenen Männer und Frauen Söhne und Töchter sind.

Brüder und Schwestern.

Manche sogar Väter und Mütter.

An dem Tag hatte ich unsere sechs Wochen alte Tochter auf dem Arm und lief durch die Gassen des Rotlichtviertels, auf dem Weg zu einem Treffen mit Streetworkern.

Plötzlich überquerte eine Frau die Straße und kam sehr direkt auf mich zu. Sie zeigte auf mein Neugeborenes und fragte in gebrochenem Deutsch, ob sie es küssen dürfte.

Ich war total überrumpelt, denn das war nicht gerade die Art von Frau, von der du dir wünschst, dass sie dein Baby abküsst. Sie roch stark nach Alkohol, ihre Lippen waren aufgedunsen und verschmiert mit knallrotem Lippenstift.

Mein Kopf weigerte sich, aber mein Herz siegte.

Sie beugte sich vor, um ihre Lippen auf die reinen, weichen Wangen meiner Tochter zu drücken, und begann zu weinen: «Ich habe drei eigene Kinder, und ich weiß nicht, wo sie sind!»

BOOM! Da hatte ich es direkt vor der Nase. Eines von unzähligen Opfern, das einen scheinbar verheißungsvollen Job in der Schweiz angeboten bekommen hatte, um die Familie zu Hause versorgen zu können. Aber statt der strahlenden Zukunft, die sie sich alle erhofften, begann für sie ein Albtraum. Und ihre Scham war zu groß, als dass sie jemals ihrer Familie wieder in die Augen hätte sehen können.

Hilflos ließ ich die Frau im strömenden Regen stehen, und meine Gedanken überschlugen sich.

Ich hatte keine Wahl mehr; ich konnte nicht länger zuschauen.

Man muss eine Ungerechtigkeit klar eingestehen und beim Namen nennen, um sie auszumerzen. Es ist in diesem Punkt eigentlich wie mit allem Negativen im Leben: Du musst es bekennen und beim Namen nennen, um es loszuwerden.

Wenn du einen Fehler machst, reicht es nicht, dich zu entschuldigen. Du musst etwas verändern, um es wiedergutzumachen. Wenn du eine falsche Entscheidung triffst, dann musst du die Verantwortung dafür übernehmen und einen neuen Weg einschlagen. Wenn Ungerechtigkeit sich breitmacht, muss sie klar benannt werden, um wieder Gerechtigkeit zu schaffen.

Wir alle sind auf gewisse Weise für den Kauf und Verkauf von Menschen verantwortlich. Ja, du hast richtig gelesen: WIR. Du. Ich.

Wir sind nicht nur mitverantwortlich, sondern wir sind auch zu Opfern geworden. Ich spreche nicht nur von der Sex-Industrie. Ich meine die Lebensmittel-, Mode-, Spielzeug- und Elektronik-Industrie. Wir sind Opfer aller möglichen Trends für uns und unsere Kinder geworden, und wir fallen auf die Lüge herein, heutzutage koste alles viel weniger, und wenn wir zu viel bezahlen sollen, sei es überteuert. Wir kaufen billige Sachen aus China, ohne darüber nachzudenken, wer sie gemacht hat, unter welchen Umständen sie produziert wurden und woher sie kommen. Wir geben an mit unserem letzten Schnäppchen und ignorieren, dass irgendjemand anders den Preis dafür zahlen muss, dass wir hier wieder etwas gespart haben.

Es ist Zeit, aufzuwachen und wieder mitzudenken, statt uns von der Welt diktieren zu lassen, wie wir denken sollen und was wir angeblich zwingend brauchen – und zwar am besten sofort!

Ich habe im letzten Kapitel kurz das Sozialunternehmen erwähnt, das wir gegründet haben und in dem wir Taschen und Accessoires aus wiederverwerteten Kitesurfing-Schirmen, Bootssegeln, Fallschirmen und anderen Utensilien herstellen. Du wirst später noch eine Menge darüber lesen.

Um es in den Zusammenhang zu bringen: Eine der größten Herausforderungen, vor denen wir in unserem Geschäft stehen, besteht, offen gesagt, darin, die Herzen und Köpfe unserer Kunden zu gewinnen, damit sie bereit sind, den Preis für so einen handgefertigten Artikel zu zahlen. Den Preis für Taschen und Accessoires, die von echten Menschen mit einem wirklichen Herzen und einem wirklichen Leben gemacht worden sind.

Von unserer gemeinsamen sozialen Verantwortung dürfen wir nicht nur reden, sondern wir müssen sie in jedem Bereich unseres Lebens aktiv zum täglichen Thema machen. Und auch das fängt bei mir selbst an.

Auf einer Jugendkonferenz sprach ich einmal neben anderen Fakten davon, dass Pornografiekonsum Menschenhandel anheizt – und ich erklärte, wie beides zusammenhängt.

Am Ende der Veranstaltung kam ein junger Mann auf mich zu und bat mich um ein persönliches Gespräch. Er habe gespürt, sagte er mir, wie zornig ich auf Männer sei, die im Internet Sex kaufen, und er fuhr fort:

«Bitte denk daran, dass wir auch Opfer sind. Wenn wir erst einmal drinstecken, fühlen wir uns schrecklich. Wir sind bereits süchtig. Es fühlt sich an, als wäre es zu spät, um noch umzukehren. Die Scham ist überwältigend. Ich will dich nicht angreifen, aber bitte denk darüber nach und erwähne es in deinen Vorträgen.»

Wow, ich war beeindruckt von seiner Ehrlichkeit. Ich dankte ihm und nahm mir vor, dieser Anmerkung nachzugehen und sie beim nächsten Mal mit einfließen zu lassen.

Ja, Konsumenten von Pornografie sind auch Opfer dessen, was unsere Kultur toleriert: Mangel an Liebe und Identität, fehlende sexuelle Aufklärung, eindeutig sexuell aufgepimpte Werbung, die Art der Darstellung von Frauen in den Medien und eine falsche Wahrnehmung von Weiblichkeit.

Diese Erkenntnis warf in mir die Frage auf, wofür ich

selbst verantwortlich bin: Erlaube ich meinem Ehemann, der Mann im Haus zu sein? Ehre und respektiere ich ihn wirklich als das Haupt der Familie? Was bringe ich meinen Söhnen über den Umgang mit Mädchen bei? Was erzähle ich meiner Tochter über Männer? Wie lebe ich weibliche Werte vor? Wie kleide ich mich? Was erlaube ich meiner Tochter anzuziehen?

Ich bin entschlossen, meinen Teil zur Verbesserung der ethischen Moral beizutragen und dafür zu sorgen, dass göttliche Werte wieder zum Maßstab werden.

Es gibt natürlich immer zwei Seiten. Menschenhändler sind auch Opfer.

Einige Monate vor unserem Umzug nach Israel habe ich etwas Verrücktes erlebt: Ich traf auf einen von ihnen. Es war auf einer Geschäftsreise nach Tel Aviv, und ich saß am Abend auf der Terrasse unseres Hotels im Stadtzentrum und wartete auf meinen Mann, als ich ein Mädchen die Straße entlanggehen sah – mit einem Typen im Schlepptau, der ein paar Meter hinter ihr her ging. Ich erkannte ihn sofort als ihren Zuhälter, was sich dann auch bestätigte.

Die Frau sah mich und fragte mich, ob sie sich an meinen Tisch setzen könnte. Ich stimmte zu, ohne auf den Mann zu achten, der wütend brüllte:

«Wir haben keine Zeit, du musst arbeiten!»

Ich lud ihn ein, sich zu uns zu setzen, und sagte:

«Sie mag ihren Job nicht.»

Er antwortete: «Wer bist du?»

«Tabea. Wer bist du?»

«Das werde ich dir nicht sagen», gab er zurück.

Ich lenkte ab. «Ist sie so eine Art Freundin für dich?»

«WER BIST DU?» Er fühlte sich in die Ecke gedrängt, und das gefiel ihm nicht. Ich betete, dass mein Mann bald auftauchen würde.

«Ich bin Tabea. Und wer bist du?»

«Das werde ich dir nicht sagen.»

«Hast du schlaflose Nächte?», fragte ich.

Genau in dem Moment kam mein Ehemann und nahm Blickkontakt mit ihm auf. Er übernahm sofort. Ich dankte Gott für seine polizeilichen Fähigkeiten – er war dreizehn Jahre lang Kriminalbeamter gewesen!

Ich setzte mich mit dem Mädchen an einen anderen Tisch und fand heraus, dass ich sie schon einmal im Rotlichtviertel von Zürich gesehen hatte! Sie war nun eine von vielen Mädchen des Zuhälters in Israel geworden.

Er verabscheute das, was er tat, so gestand er uns, und er erzählte, wie er selbst zum Opfer geworden war. Die harte Musikindustrie hatte diesen Engländer ruiniert. Drogen und Frauen waren sein einziger Ausweg gewesen, und er merkte, dass er das eine nur finanzieren konnte, indem er die anderen ausbeutete.

Es war das zweite Mal, dass eine Begegnung mit Opfern auf beiden Seiten meine Gedanken ins Rotieren brachte.

Dieser Vorfall war nicht nur ein Zeichen, sondern eine gewaltige Bestätigung, dass wir unsere Rettungsmission in Tel Aviv starten mussten. Der Kreis hatte sich geschlossen.

Nun zurück zu dem, was meinen «gerechten Zorn» überhaupt ausgelöst hatte. Ich hatte die Situation der Sexarbeiterinnen in Zürich kennen lernen wollen, wo ich damals wohnte. Also hatte ich mir einen Weg überlegt, wie ich ihnen auf Augenhöhe begegnen konnte.

Mir ist es wichtig, mit echter Empathie Menschen da zu begegnen, wo sie sind – mich in ihre Haut zu versetzen, statt nur Mitgefühl zu empfinden und sie aus der Ferne zu bemitleiden. Ich bin Massagetherapeutin, vermutlich mein dritter oder vierter Beruf – was einiges darüber sagt, wie rastlos ich war, bevor ich mich mich in die Aufgabe verbiss, den modernen Menschenhandel zu bekämpfen.

Ich glaube an die heilende Wirkung einer Berührung. Ich wusste, dass all die Berührungen, die Sexarbeiterinnen erfahren, ihnen komplett ihre Würde und ihren Wert rauben. Indem ich ihnen eine Massage anbot, konnte ich ihnen etwas Wert wiedergeben und dabei vielleicht hören, was sie auf dem Herzen hatten.

Jemandem auf Augenhöhe zu begegnen, bedeutet für mich, meine Hilfe auf allen Ebenen anzubieten. Es ist keine Hilfe in dem Sinne: «Oh, du Arme, lass mich dir kostenlos helfen», sondern ein Dienst aus der Haltung heraus: «Du hast heute bestimmt hart gearbeitet und bist total fertig, und das fordert einen Tribut von deinem Körper. Ich bin Massagetherapeutin und würde dir gerne eine Massage anbieten, um dir etwas von den Schmerzen zu nehmen. Du kannst mich entweder jetzt bezahlen oder irgendwann später.»

Mir ist natürlich sehr wohl bewusst, dass sie mich nicht bezahlen können, aber ich will ihnen ein Gefühl von Selbstbestimmung und Handlungsfähigkeit geben.

Dank eines Paares, das sich dem Gedanken verschrieben hatte, eine «Kirche ohne Grenzen» im Rotlichtviertel von Zürich und darüber hinaus zu sein, öffneten sich mir Türen, durch die ich fast drei Jahre lang in die Bordelle gehen und Prostituierte besuchen und massieren konnte. Ich bin diesem Paar ewig dankbar, dass sie mich in dieser ersten Zeit unter ihre Fittiche genommen haben!

Mit das Verrückteste, das ich jedes Mal erlebte, wenn ich die Frauen mit meinen Händen berührte, war die Tatsache, dass sie sich anfühlten wie kalte, harte Tischplatten. Ihre Muskeln brauchten ewig, um warm zu werden und auf meine Massage zu reagieren. Oft waren sie gegen meine Berührungen immun.

Ein Mädchen schoss hoch, nachdem ich sie ein paar Minuten lang massiert hatte, und sagte: «Bitte hör auf. Ich beginne in meinem Körper etwas zu spüren, und das kann ich mir nicht leisten.»

In dem Moment wurde mir etwas klar, das mir später von anderen Frauen im Salon bestätigt wurde: Damit sie das aushalten konnten, was sie durchmachten, mussten sie ihre Seele von ihrem Körper trennen. Sie mussten jedes Gefühl abschalten, um ihre Körper zu betäuben. Wann immer sie eine längere Massage zuließen, sahen sie sich entweder mit ihrer brutalen Realität konfrontiert und baten um Hilfe – oder sie ließen mich nicht noch einmal an sich heran.

Je mehr Einblick ich bekam, umso mehr Dinge wurden mir klar: Wenn diese Frauen und Männer wirklich eine Wahl hätten, dann würden sie es nicht zulassen, dass andere Menschen über ihre Körper bestimmen, sie andauernd wie Dreck behandeln und sie täglich ihrer Menschenrechte berauben.

Jede einzelne Sexarbeiterin, der ich begegnete, wollte aussteigen.

In den Worten eines Opfers:

«Wir brauchen kein Mitleid, wir brauchen Jobs.»

Das spornte mich an, unermüdlich nach Lösungen zu suchen. Gemeinsam mit einer Handvoll Weltveränderern, die mit anpackten und meine Vision auf großartige Weise zu verwirklichen begannen, gründete ich die gemeinnützige Organisation «GlowbalAct».

Sara war das Gehirn hinter dem ganzen bürokratischen Papierkram, durch den man sich durchschlagen muss, um offiziell anerkannt zu werden (Danke, dass du nicht aufgegeben hast, Sara!). Währenddessen machte ich mich daran, das Massage-Team zu vergrößern, um mehr helfende Hände zu haben, die gemeinsam mit mir herausfinden würden, vor welchen Herausforderungen die Prostituierten standen und wie wir ihnen helfen konnten.

Die Sache ist die: Lass dich nicht durch das, was du nicht weißt, von dem abhalten, was du kannst.

Ich vergaß zu erwähnen, dass meine Kinder noch sehr klein waren, als ich mit alledem anfing. Ich war damals Mutter und selbstständige Massagetherapeutin. Ich leitete Kurse im Fitnessstudio und war sehr aktiv in unserer Kirche. Ich hätte eine Menge Ausreden gehabt, warum mir die Kapazität gefehlt hätte, das zu machen.

Ich habe es schon einmal gesagt, und ich sage es noch einmal: Die richtigen Leute werden zur richtigen Zeit aufkreuzen, wenn du einfach nur bereit bist, aus deiner Komfortzone herauszutreten. Und manche Leute warten nur darauf, dass du bei eurer gemeinsamen Leidenschaft vorangehst, weil sie genau das beisteuern können, was dir fehlt, damit die Vision Wirklichkeit wird.

Eine dieser Frauen ist Flurina. Sie war meine erste «Nachfolgerin» und Mitstreiterin und machte mich somit zur Leiterin. Gott hatte ihr Herz angerührt, als sie das erste Mal von Menschenhandel hörte, aber da sie noch an der Uni war und Architektur studierte, wusste sie nicht, wie sie es anfangen sollte. Als sie meinen Mann einmal in der Kirche traf, sprach er mit ihr über meinen neu entdeckten Aktivismus (mein Mann ist schon immer mein größter Fan und Repräsentant gewesen!). Daraufhin wollte sie sich mit mir treffen.

Als ich ihr von meinem Vorhaben erzählte, Prostituierte zu massieren, fragte sie mich:

«Was kann ich als Architekturstudentin dazu beitragen? Brauchst du Flyer? Broschüren? Ich kenne mich mit Grafikdesign aus und könnte dich damit unterstützen!»

Oh Mann, ich war auf der Stelle begeistert von dieser Frau! Sie war so bereitwillig, dass sie nur darüber nachdachte, was sie beisteuern konnte, und sich nicht davon entmutigen ließ, was sie *nicht* konnte. Ihre Bereitschaft, alles zu tun, was nötig war, brachte sie dazu, sich neben der Baukunst auch mit der Körperbaukunst zu beschäftigen und massieren zu lernen. Bald darauf unterstützte sie mich dabei, die Prostituierten zu massieren.

Eine andere meiner Heldinnen ist Lydia. Sie war gerade Mutter geworden, und als ich ihr erzählte, dass ich als Massagetherapeutin in die Bordelle gehen wollte, aber noch nicht wusste, was ich an diesem einen Nachmittag mit meinen Kindern machen sollte, sagte sie:

«Ich könnte niemals ins Rotlichtviertel gehen, aber ich kann auf deine Kinder aufpassen, da ich ohnehin mit meinen Kids zu Hause bin!»

Das sind nur ein paar Beispiele, die zeigen, dass nicht *ich* die Heldin der Geschichte bin. Nein, das sind die Saras, die Flurinas, die Lydias und die Miriams, die sich den Namen ausdachten und die Website-Inhalte für GlowbalAct kreierten, und viele andere, die auf den Zug aufsprangen und sogar meine verrückte Idee in die Tat umsetzten, in hochhackigen Schuhen ein Rennen zu laufen.

Dieses Rennen war gigantisch! Durch ein gewaltiges Wunder konnten wir auch eine Gruppe von Web-Guerilla-Marketing-Gurus dazu bewegen, beinahe kostenlos für uns eine irre Sensibilisierungs-Kampagne zu entfesseln, um den «Stiletto-Lauf» bekannt zu machen! Dank dieser Kampagne waren die nationalen Medien (TV, Radio, Zeitungen) vor Ort und berichteten, was unsere Bekanntheit und Reichweite sprunghaft vergrößerte!

Ich sage immer:

«Showing up is the greatest encouragement!» – «Sich zeigen und zur Stelle sein ist die größte Ermutigung!»

Wenn wir alle ZUSAMMENARBEITEN und an einem Strang ziehen, erzeugen wir eine kraftvolle Bewegung mit Dominoeffekt.

Was mit einer kleinen Gruppe ganz gewöhnlicher Frauen begonnen hat, die in erster Linie Mittel für andere Organisationen sammelten, ist inzwischen zu einem großen Team von engagierten Angestellten und leidenschaftlichen Freiwilligen gewachsen.

GlowbalAct bekämpft aktiv den Menschenhandel von Männern, Frauen und Kindern in der Schweiz und Israel. Wir arbeiten an Prävention und Unterstützungsmöglichkeiten und finden ständig neue kreative und innovative Wege, um das Problem anzugehen. Dazu unterstützen wir mehrere Projekte und arbeiten mit Mitstreitern im «Freiheitskampf» auf der ganzen Welt zusammen.

Unser Hauptfokus liegt auf der beruflichen Wiedereingliederung durch unser Sozialunternehmen A.I.R. (Act. Inspire. Restore.) für Männer und Frauen, die aus der kommerziellen sexuellen Ausbeutung ausgestiegen sind.

Was dich betrifft: Mach einfach den Schritt und beweg dich.

Gott zeigt uns Seine Gunst, wenn wir uns bewegen, und Gehorsam ist Seine perfekte Liebessprache.

Ich gehe im nächsten Kapitel näher darauf ein.

#gehorsamistgottesliebessprache

Ich weiß nicht, wie es dir geht: Ich fühle mich von meinen Kindern am meisten geliebt, wenn sie schlicht und einfach das tun, was ich ihnen sage. Wenn sie verstehen, dass ich ihnen Dinge beibringe, weil mir ihre Zukunft am Herzen liegt. Ich bitte sie auch um Dinge, weil ich mir viele Gedanken mache über sie und einfach ihr Bestes möchte. Gleichzeitig können sie mir Millionen Mal sagen, wie sehr sie mich lieben – wenn ich niemals sehe, dass sie gehorchen, fühle ich mich nicht geliebt. Geschweige denn respektiert.

Gehorsam führt ja auch zu beidseitigem Vertrauen: Je mehr mir meine Kinder gehorchen, umso mehr kann ich ihnen vertrauen. Je mehr ich ihnen vertrauen kann, umso mehr gehorchen sie mir.

Ich bin überzeugt, dass Gott genauso ist. Er ist unser Vater. Und wenn wir nach Seinem Wort leben, dann ernten wir

Vertrauen und Gunst. Gehorsame Kinder sind gesegnet. Ihnen wird Liebe und Vertrauen entgegengebracht.

Wenn wir große Schritte im Glauben machen, dann bestätigt uns Gott auch immer, dass wir auf dem richtigen Weg sind – auf eine für uns verständliche Art und Weise.

Als ich damit anfing, die Frauen im Rotlichtviertel von Zürich zu massieren, war ich mir nicht immer sicher, ob ich das Richtige tue. Es war nicht klar, ob ich damit tatsächlich etwas bewirken konnte. Ich bin eine Frau, die die Auswirkungen ihrer Taten wirklich sehen und spüren muss, damit ich weitermache. Merke ich nichts davon, mache ich etwas anderes.

Das heißt nicht, dass wir eine Mission aufgeben sollten, wenn wir keine direkten Ergebnisse sehen. Aber ich glaube fest, dass wir alle immer mal wieder eine Bestätigung brauchen – ich nenne es «einen Kuss vom Himmel» –, um unsere Vision weiterhin umsetzen und dranbleiben zu können.

Einmal, als ich mit meinem Team unterwegs war, trafen wir zwei Frauen aus Ungarn. Sie sprachen kein einziges Wort Deutsch, also ließen wir uns ihre Geschichte mit Hilfe eines Übersetzers wiedergeben.

So wie unzählige andere Frauen wurden sie durch eine Online-Anzeige ins Land gelockt. Ihnen waren gut bezahlte Jobs als Kellnerinnen in Zürich angeboten worden.

Bei ihrer Ankunft gingen ihnen die Augen auf, als ihnen klarwurde, dass sie eine riesige Menge an Schulden – willkürlich berechnet von den Banden, die sie über die Grenze gebracht hatten – mit ihren Einkünften aus den Sexdiensten an Klienten zurückzuzahlen hatten. Sie saßen in einer Falle. Wenn sie sich weigerten, ihre Körper an Freier zu verkaufen, stiegen ihre Schulden noch weiter an, da die Miete für das Zimmer dazukam, das sie sich mit zwei weiteren Frauen teilten.

Der Druck stieg, den Erwartungen nachzugeben. Die anderen versprochenen Jobs gab es nicht. Die beiden Ungarinnen waren außerdem erst vor wenigen Tagen in Zürich angekommen und hatten kein Geld für die Rückreise. Gott sei Dank waren sie noch im Besitz ihrer Reisepässe, so dass wir sie herausholen, ihre Mietschulden tilgen und ihnen Bahntickets zurück in ihr Heimatland kaufen konnten. Wir warnten sie vor dem Thema Menschenhandel und vor den Abläufen und Gesetzmäßigkeiten in diesem dunklen Business.

Ein anderes Mal erteilte uns ein Erotik-Massagesalon, bei dem wir zuvor auf offene Türen gestoßen waren, Hausverbot, nachdem wir zwei der dort ausgebeuteten Mädchen geholfen hatten, ein neues Leben zu beginnen.

Durch unsere regelmäßigen Besuche konnten wir die gnadenlose Ausbeutung in der Sexindustrie aufdecken, und wir gaben diese bedeutenden Informationen und Erfahrungen an offizielle staatliche Ermittlungsbehörden weiter.

Die Ermittlungen waren häufig erfolgreich. So kam es zum Beispiel zur Stilllegung eines Bordells, in dem Minderjährige festgehalten wurden.

Nicht immer sahen wir die Früchte unseres unermüdlichen Einsatzes im Rotlichtviertel. Und da draußen sind noch immer Teams, die im Verborgenen treu dienen, ohne

dafür jemals Applaus oder eine direkte Belohnung zu ernten. So wird es immer sein: Derjenige, der aussät, wird nicht
immer die ganze Ernte einbringen. Trotzdem sind die kleinen Zeichen, die dir auf dem Weg begegnen, die Bestätigung, dass du das Richtige tust.

**Ich glaube an die Reihenfolge: Kampf – Segen – Kampf –
Segen. Und wenn nach einem Kampf kein Segen oder
Sieg folgt, dann kämpfst du wahrscheinlich den falschen
Kampf.**

Es gibt gute Gründe, warum Gott uns auffordert, in Partner-
schaft mit Ihm zu leben. Erstens, ob du es glaubst oder nicht:
Er liebt uns über alles! Er hat uns das bewiesen, indem Er
Seinen Sohn sandte, um für uns zu sterben. Das steht im
Neuen Testament in Johannes 3,16. Lies selbst nach!

Und zweitens gebraucht Er uns, damit wir eine sichtbare
und greifbare Antwort für diese kaputte Welt sind. Wir sind
Seine Geschöpfe, nach Seinem Bild geschaffen, um die guten Werke zu tun, die Er für uns vorbereitet hat. So steht's im
Neuen Testament in Epheser 2,10.

Gott wünscht sich wirklich, dass wir in Beziehung zu Ihm
treten, Zeit mit Ihm verbringen, Ihn kennen lernen und damit beginnen, Ihm von Herzen zu vertrauen. So, wie wir es
mit jedem Menschen machen würden. Lass dich darauf ein
und sieh, was dann passiert. Meine Erfahrung mit Gott hat
sich diesbezüglich viele Male bewährt, und das Ergebnis ist
mehr als lohnend!

Stell dir deinen besten Freund oder deine beste Freundin vor: die eine Person, die dich in- und auswendig kennt und versteht. Die du um Rat fragst, wenn du nicht mehr weißt, wohin du gehen und was du machen sollst. Stell dir vor, ihr unterhaltet euch, und dein Freund, der dich wirklich liebt, dich kennt und weiß, dass du alles hast, was es braucht, um eine Sache zu Ende zu bringen, sagt dir, was du jetzt machen sollst. Du hörst ihm oder ihr zu, aber du ignorierst alle Empfehlungen. Nicht nur einmal. Nein, jedes Mal. – Wird diese Person weiterhin mit dir reden wollen? Vielleicht. Aber ich bezweifle, dass er oder sie dir weiterhin Rat geben wird.

So sieht meine Reise mit Gott aus: Ich rede mit Ihm, Er antwortet mir und spricht direkt in mein Herz – oder vielleicht auch zu meinem Bauch. Man sagt ja: «Ich habe so ein Bauchgefühl …» Wenn ich auf mein Bauchgefühl höre und sich eine Tür öffnet, ohne dass ich mich dagegenstemmen oder sie einrammen muss, dann weiß ich, dass ich auf dem richtigen Weg bin!

Und um dann ganz sicherzugehen, dass ich mich wirklich auf dem richtigen Weg befinde, fügt Gott zur Bestätigung normalerweise noch eine verblüffende Kleinigkeit hinzu, «einen Kuss vom Himmel», wie ich es liebevoll nenne. (Andere bezeichnen es als «einen Händedruck vom Himmel». Das ist auch schön!)

Du kannst es Zufall nennen; ich nenne es ein göttliches Eingreifen, hinter dem eine echte Person steht. Ehrlich gesagt, ohne Ihn wüsste ich nicht, wie ich mit dem Leben klarkommen sollte. Nenn mich schwach; ich nenne es ein lebenslanges Abenteuer, das sogar nach meinem Tod noch weitergehen wird!

Lass mich dir ein paar Beispiele geben, damit du verstehst, was für Kleinigkeiten ich meine.

Als wir das erste Mal den Eindruck hatten, dass wir mit unseren drei kleinen Kindern aus der Schweiz nach Israel ziehen sollten, um uns noch stärker im Kampf gegen den Menschenhandel zu engagieren, hatten wir mehr Fragen und Herausforderungen, als du dir vielleicht vorstellen kannst.

Es handelt sich dabei ja nicht um eine alltägliche Entscheidung wie: «Was könnte ich heute vielleicht mal kochen?» (Apropos Kochen: Am Ende dieses Kapitels füge ich ein paar von meinen Lieblingsrezepten für dich an, denn meine Sprache der Liebe ist gutes Essen. ☺)

Wir stellten uns Fragen wie: «Ist Tel Aviv wirklich der Ort, an den wir gehen sollen?»

«Wie kommen wir als Nichtjuden zu einem Visum für Israel?»

«Sollen wir uns vor Ort einer bestehenden Organisation anschließen?»

«Wer wird uns finanziell unterstützen?»

GlowbalAct war ja noch immer sehr klein und fühlte sich in einer Welt mit anderen großen Namen sehr unbedeutend an.

Nun, wir fingen mit der ersten Frage an und machten uns

auf die Suche nach einer Antwort: «Ist Tel Aviv wirklich der Ort, an den wir gehen sollen?»

Im letzten Kapitel habe ich ja schon einmal erwähnt, dass Gott es segnet, wenn wir uns in Bewegung setzen. Damit meine ich Folgendes: Du musst dich bewegen, um herauszufinden, ob die Richtung stimmt.

Also stiegen wir ein paar Monate später mit unseren Kindern in ein Flugzeug, um als ganze Familie in Tel Aviv Urlaub zu machen. Ich weiß noch, wie ich aus dem Flughafen stieg und dieses überwältigende Gefühl von Vertrautheit spürte. Es fühlte sich so an, als wäre ich da angekommen, wo ich hingehöre.

Wir blieben für ungefähr zwei Wochen direkt in der Stadt, benutzten öffentliche Verkehrsmittel und lernten die Sabbat-Regeln auf die harte Tour (es war ein laaaanger Weg aus der Stadt zurück zu unserem Apartment am Strand, als die Busse ihren Dienst bei Sonnenuntergang einstellten). Wir nutzten unseren gesamten Aufenthalt, um in die Atmosphäre des Tel Aviver Lebens einzutauchen und sie in uns aufzusaugen.

Unsere Kinder hatten keine Ahnung, dass wir innerlich die ganze Zeit Gott mit der Frage in den Ohren lagen, ob dies unser zukünftiges Zuhause werden sollte. Sie genossen den Strand, das gute Essen und hatten einfach nur Spaß als Familie.

Es war an einem unserer Abendspaziergänge in der Altstadt von Jaffa, als unser ältester Sohn Leron, damals sieben Jahre alt, plötzlich herausplatzte: «Wenn ich neun bin und Ruven sieben, gehen wir hier zur Schule.»

Seine Schwester erwähnte er vermutlich nur deshalb nicht, weil sie noch nicht alt genug war für die Schule.

Ich warf meinem Mann einen vielsagenden Seitenblick zu und fragte:

«Was sagst du da, Sohn?»

Und mein Mann fragte fast gleichzeitig:

«Wer hat dir das gesagt?»

Woraufhin unser Sohn selbstbewusst erwiderte: «Das hat mir Gott schon vor einer ganzen Weile ins Herz gesagt.»

Und ob du es glaubst oder nicht: Das war auf den Monat genau der Zeitpunkt, an dem wir 2014 trotz Gaza-Krieg und der «Operation Starker Fels», einer Militäroperation der israelischen Verteidigungsstreitkräfte, in Tel Aviv ankamen und unsere Kinder an einer lokalen hebräischen Schule in Israel anmeldeten.

Ich wünschte, ich könnte behaupten, dass unsere Kinder immer so prophetisch sind. Das würde das Leben um einiges leichter machen (oder vielleicht auch nicht). Aber das hier war wirklich etwas, woran man sich festhalten konnte.

Zurück in der Schweiz, begannen wir sofort mit den Visa-Vorbereitungen. Und wieder waren wir zur richtigen Zeit am richtigen Ort.

War es Zufall oder göttliche Führung? Jedenfalls trafen wir eine Freundin, die wir zuvor längere Zeit nicht mehr gesehen hatten. Sie stellte uns einer Deutschen vor, die für das israelische Sozialministerium Leute für ein oder maximal zwei Jahre Freiwilligendienst im sozialen Bereich anwarb und vermittelte. Sie gab uns die Kontaktdaten der zuständigen Verbindungsperson bei der Behörde in Jerusalem.

Was als Nächstes geschah, war ein absolutes Wunder: Zu genau diesem Zeitpunkt suchte das Büro der Nationalen Koordinatorin für die Bekämpfung des Menschenhandels mehr Freiwillige in diesem Bereich. Obwohl wir nicht viel vorzuweisen hatten, erteilten sie uns als Familie ein Jahresvisum mit der Möglichkeit der Verlängerung auf höchstens zwei Jahre, um mit bereits bestehenden Organisationen vor Ort zusammenzuarbeiten.

Nach ein paar Reisen hin und her, einschließlich des verrückten Zusammentreffens mit dem Zuhälter und seinem Mädchen in Tel Aviv, von dem ich bereits erzählt habe und das wirklich ein entscheidender Moment für uns war, waren wir bereit, einen Glaubensschritt zu tun. Und rate mal, wer die Flugtickets für unsere gesamte Familie bezahlte, damit das Abenteuer beginnen konnte: ein Ex-Zuhälter!

Gottes Humor muss man einfach lieben!

Nun kamen wir zu der Frage, wo wir leben sollten. Sollten wir einfach unsere Augen schließen und mit dem Finger auf die Karte tippen? Ich liebe es einfach, dass ich einen göttlichen Beistand habe, der die Punkte aus der Adlerperspektive sieht und sie miteinander verbindet. Gott weiß, wo du zum richtigen Zeitpunkt sein musst, damit sich deine Wege mit genau der richtigen Person kreuzen, die dich dann ihrerseits an den richtigen Ort und zu den richtigen Leuten bringen wird. Er spielt die Karten für dich aus. Das Leben ist zwar nicht immer fair, aber wenn wir hinausgehen und das, was uns gegeben ist, in die Hand nehmen, um damit die Dinge zu verändern, dann wendet sich das Blatt.

Wie auch immer, wir wohnten damals in einer Stadt namens Uster mit ungefähr 34.500 Einwohnern. Anscheinend hatten eine andere Frau und ich eine gemeinsame Freundin, die von unseren konkreten Plänen wusste, im Sommer 2014 nach Israel zu ziehen. Wie wahrscheinlich war es wohl, dass zwei Familien aus Uster zu genau der selben Zeit vorhatten, nach Tel Aviv zu ziehen? Na, die Chance ist nicht sehr groß, oder?

Doch dann die Überraschung: Nachdem wir uns per Internet vorgestellt hatten, trafen wir uns mit ihnen, und es stellte sich heraus, dass sie nicht nur im gleichen Monat umziehen würden, sondern auch noch Platz in ihrem Schiffscontainer hatten (was eine weitere offene Frage gewesen war, auf die wir noch keine Antwort hatten) und uns anboten, diesen Platz für ein paar unserer Sachen zu nutzen.

Wir überlegten, was die wichtigsten Sachen waren, die wir verschiffen wollten. Da war zum Beispiel unser massiver, geliebter Tisch, den ein Freund eigens für uns mit Holz aus Papua-Neuguinea handgefertigt hatte und an dem so viele Erinnerungen hingen. Es passte alles genau in den dafür vorgesehenen Raum in dem Container – Tisch inklusive! Ich fühlte mich über und über vom Himmel geküsst!

Diese Familie wurde für uns auf verschiedenste Art und Weise zum Segen. Der Mann war Israeli, so dass er uns sagen konnte, welche Nachbarschaft für uns als Familie geeignet war, und er half uns, eine Wohnung zu finden. Dank ihm hatten wir auch am Tag unserer Ankunft in Tel Aviv eine Matratze, auf der wir schlafen konnten! Die Einzelheiten dieser Geschichte werde ich später noch erzählen.

In Israel, das ist unsere Erfahrung, ist es nicht wichtig, was du weißt, sondern wen du kennst. Ich glaube, ich habe noch keine Person getroffen, die nicht mindestens eine Person kennt, die dir helfen kann oder der richtige Ansprechpartner für deine Fragen ist.

Somit zogen wir nach Israel, und eine Sache war uns klar: Wir sind hier, um zu dienen. Wenn man sein Leben einsetzen will, um mitzuhelfen, eine der brennendsten sozialen Nöte in einer Stadt zu bekämpfen, braucht es mehr als eine Schwärmerei für Jerusalem, Israel und das Judentum.

Ich erinnere mich an einen Vortrag, der davon handelte, wie Kirchen für eine Stadt wirklich rund um die Uhr Orte der Anbetung sein können und dass das viel besser wäre, als Gott und Seine Liebe in einer mageren wöchentlichen Veranstaltung in den Mauern eines Gemeindehauses «einpferchen» zu wollen. Da fielen Sätze wie: «Frag die Stadtverwaltung, die Sozialdienste, die Polizei, frag irgendjemanden, der offiziell für die Sicherheit und das Wohlergehen der Einwohner deiner Stadt zuständig ist, wo es die größten Probleme gibt – und fang da an.»

Das ist ziemlich genau das, was wir getan haben. Nun ja, fast. Ein paar Wochen nach unserer Ankunft in Tel Aviv wurden wir zu einem Runden Tisch in Jerusalem eingeladen, gemeinsam mit allen offiziellen staatlichen und nichtstaatlichen Akteuren, die sich in Israel bei der Bekämpfung des Menschenhandels engagieren. Wie es dazu kam? Wie gesagt:

> «**Es geht in Tel Aviv nicht darum,**
> **was du weißt,**
> **sondern wen du kennst.**»

Wir wussten also zwar immer noch nicht, wie wir unser soziales Anliegen anpacken sollten, doch wir wohnten in der richtigen Nachbarschaft, um die richtigen Leute kennen zu lernen. Unsere Tochter ging mit einem Mädchen in den Kindergarten, dessen Großmutter zu dieser Zeit die Abteilung Bewährungshilfe im Sozialministerium leitete und die Nationale Koordinatorin für die Bekämpfung des Menschenhandels im Justizministerium kannte. Sie brachte uns sofort miteinander in Kontakt, weil man das in Israel eben nun mal so macht, ohne viele Fragen zu stellen.

Und im nächsten Moment radelten wir durch die belebten Straßen Tel Avivs, um in einem der vielen Hipster-Cafés der Stadt mit dieser einflussreichen Frau einen Kaffee zu trinken.

Dieses erste Treffen führte dazu, dass wir Teil des engen Personenkreises am Runden Tisch in Jerusalem wurden

und darüber debattierten, was als Nächstes passieren musste, um moderne Sklaverei zu bekämpfen.

Anscheinend muss man jahrelange Erfahrung in der
Grundlagenarbeit gesammelt haben, um an diesen Runden
Tisch eingeladen zu werden. Wir schienen die Ausnahme
von dieser Regel zu sein, denn wie schon gesagt: Gehorsam
ist die Liebessprache Gottes.

Wir gehorchen. Er öffnet Türen!

Die Diskussion wurde auf Hebräisch geführt, so dass
wir von dem, was gesprochen wurde, nicht allzu viel verstanden. Aber am Ende verkündete der Sitzungsleiter den
Teilnehmern sinngemäß, wir seien ein sehr interessantes
Paar aus der Schweiz und hergekommen, um all das an-
zupacken, was bisher noch nicht unternommen worden
war. Und alle waren sich recht schnell darüber einig, dass
wir die Lücke im Bereich der beruflichen Wiedereingliederung schließen sollten! …

Kein Problem, Leute …

Das löst überhaupt keinen Druck aus, nein.

Haha.

Wir haben vermutlich alle schon einmal den Spruch gehört:
«Lass los, lass Gott machen.» Das war tatsächlich eine wich-
tige Lektion, die ich beim Kitesurfen gelernt hatte. Nicht
den Teil mit «lass Gott machen», aber den mit «lass los».

Ich war für eine lange Zeit Windsurferin, bevor ich zum
Kitesurfen wechselte, und die größte Umstellung für mich
war, zu lernen, wie ich meine Arme positionieren sollte.

Beim Windsurfen musst du den Gabelbaum mit Segel nah an deinen Körper ziehen, um den Wind unter Kontrolle zu bekommen. Beim Kitesurfen ist es genau anders herum. Du musst den Schirm loslassen, mit ausgestreckten Armen, denn wenn man an der Stange zieht und ihn nah heranzieht, verliert man die Kontrolle und hebt womöglich unfreiwillig ab.

Mein erster Kitesurf-Lehrer, ein Österreicher, schrie immer wieder: «LOOOOOOSLASSEN!!!» Diese blödsinnige Angewohnheit, dauernd zu ziehen, statt loszulassen, stand mir wirklich im Weg, und es dauerte eine ganze Weile, um das aus meinem Kopf herauszubekommen.

Das brachte mich dazu, über das Leben nachzudenken: Wie oft halten wir uns länger an Dingen fest, als wir das tun sollten! Nur weil wir denken, dass wir dann mehr Kontrolle haben. Dabei sollten wir doch unseren Griff lösen und einfach loslassen! …

Gehorsam bedeutet:

Loslassen. Und Gott machen lassen.

Es bedeutet, sich Seiner höchsten und souveränen Autorität unterzuordnen. Nicht, weil wir dazu gezwungen werden, sondern weil wir erkannt und erfahren haben, wie sehr Er uns liebt und wie sehr Er hinter uns steht. Jedes einzelne Mal.

Um unseren Gehorsam zu bestätigen und zu erwidern, wartet Er nur darauf, uns zu verwöhnen und ein feines Detail in unseren Weg einzuflechten, das nur Er kennen und für uns möglich machen kann.

Es wird höchste Zeit, dass wir endlich kapieren, dass Gott nicht darauf wartet, dass wir einen Fehler machen. Er wartet darauf, dass wir Risiken eingehen, damit Er mit einsteigen kann.

Gehorsam bedeutet, Gottes Liebessprache zu sprechen.

Es bedeutet, unser eigenes begrenztes Denken loszulassen und mit Seinen grenzenlosen Möglichkeiten zu rechnen.

In puncto Loslassen hatte und habe ich immer noch sehr viel Arbeit vor mir. Aber es gibt nichts, was ich gegen mein Abenteuer des Gehorsams eintauschen würde.

Wo musst *du* loslassen? Wie wär's, du denkst darüber nach, während du eines meiner Lieblingsrezepte ausprobierst und ein Abendessen mit deinen Liebsten genießt? Ich brauche wahrscheinlich nicht zu erwähnen, dass diese Rezepte völlig übereinstimmen mit *#wildistmeinelieblingsfarbe*, was bedeutet: Keine genauen Maßangaben, die Zutaten können variieren. Nimm einfach, was du da hast, der Saison entsprechend, und lass dir etwas einfallen, während du es zubereitest. Stell die Zutaten passend zusammen, und lass dann deiner Vorstellungskraft freien Lauf. Wenn du das nicht kannst, keine Sorge. Ich mache dir keinen Vorwurf. Aber sei mir nicht böse, ich bin einfach nicht besonders gut mit genauen Maßangaben.

Hey, und wenn du diese Rezepte ausprobierst, mach ein Foto davon und tag mich auf Instagram! Du findest alle meine Social-Media-Details hinten in diesem Buch.

Hähnchen-Linsen-Dattel-Süßkartoffel-Gulasch

Die Hauptzutaten sind:

- Gewürfelte Hähnchenbrust
- Grüne oder schwarze Linsen
- Süßkartoffeln
- Medjooldatteln oder Rosinen oder getrocknete Feigen
- Frischer Ingwer – vieeeel davon
- Knoblauch

Gib alle diese ungekochten Zutaten in eine Auflaufform oder einen Bräter mit Deckel – das Ganze muss abgedeckt sein. Ich nehme normalerweise zwei Drittel der gewürfelten Hähnchenbrust im Verhältnis zu einem Drittel der Linsen. Aber du kannst es auch halbe-halbe machen. Süßkartoffeln, Trockenfrüchte und Ingwer werden zum Süßen und Würzen hinzugefügt. Nimm also so viel, wie du willst. Du kannst die Zutaten schichten oder zusammenwerfen. Ganz egal. Alles kann auch in einen Schongarer oder einen Schmortopf gegeben werden.

Für die Flüssigkeiten nimmst du einen guten Portwein oder einen süßen Weißwein, Sojasauce, ein wenig Tahini (Sesampaste) und etwas Zitronensaft. Dann würzt du alles. Ich habe eine großartige orientalische Gewürzmischung vom lokalen israelischen Markt. Die dominierenden Zutaten sind Kurkuma, Koriander, Zimt, Nelken und Kreuzkümmel. Füge Salz nach Belieben hinzu. Das Ganze vermengen und über die Zutaten in der Pfanne gießen. Achte darauf, dass alles bedeckt ist, denn Linsen saugen viel Flüssigkeit auf, und du brauchst genug Sauce für den Reis, mit dem das Gericht serviert wird.

Wenn du Zeit hast, lass das Ganze vor dem Kochen einige Stunden in der Marinade ruhen.

Wenn du es im Ofen zubereiten möchtest, lass es eine Stunde lang bei 180 °C im Backofen. Wenn du lieber den Herd benutzt, koche es bei geringer Hitze so lange wie nötig. Du kannst es nach dem Kochen etwa eine Stunde lang ruhen lassen, bevor du es servierst, damit sich die Aromen voll entfalten können. Es ist ein hervorragendes Gericht, wenn man für viele Gäste kochen möchte, und man kann es so lange stehen lassen, bis man hungrig ist.

Serviere es mit dem Reis deiner Wahl.

Quinoa-Salat (mit Rote Beete & Fetakäse)

Die Hauptzutaten sind:

- Quinoa, gekocht (rot, weiß, schwarz oder gemischt)
- Gebratenes Gemüse: Du kannst fast alles nehmen, was gerade Saison hat. Ich liebe die Kombination aus Rote-Beete-Würfeln und Süßkartoffeln. Aber du kannst auch Brokkoli, Blumenkohl oder Zucchini verwenden.
- Fetakäse (ich nehme Ziegen- oder Schafskäse)

- Gehackte frische Minzblätter und Petersilie
- Frühlingszwiebeln (optional)
- Granatapfelkerne, wenn du sie zur Hand hast – sie verleihen dem Ganzen eine leckere Knusprigkeit.

Die Quinoa kochen, während du das Gemüse vorbereitest. Schneide die Rote Beete und Süßkartoffeln in gleich große Würfel, mariniere sie in Kokosöl, Dattelhonig und Salz und brate sie im Ofen, bis sie gar sind. Während du die gekochte Quinoa abkühlen lässt, bereite das Dressing zu: Sojasauce, Zitronensaft, frisch geriebener Ingwer, Dattelhonig und etwas Sesamöl. Nimm nicht viel von dem Sesamöl, sonst verdirbst du den Geschmack.

Würfele den Fetakäse. Hacke, was immer du an frischen Kräutern da hast: Minze ist ein Muss, damit es richtig gut schmeckt!

Vermische alle Zutaten in einer Schüssel, füge das Dressing hinzu und serviere den Salat mit Samen und Nüssen deiner Wahl oder, wenn vorhanden, mit Granatapfelkernen.

#israel

Okay, bevor Missverständnisse auftreten: Ich liebe Israel über alles! Aber es braucht echt mehr als romantische Gefühle, um hier zu leben und aufzublühen.

Bereits wenige Minuten nach der Landung erlebt man die ersten lästigen Hürden der Einreise: endlose Sicherheitswarteschlangen, dreiste Grenzkontrollen, rücksichtsloses Schieben und achtloses Fahren auf den belebten Straßen. Aber meine Familie und ich haben Israel gewählt (oder vielleicht hat es uns gewählt), und Tel Aviv ist unser Zuhause geworden. Israel hat uns mit offenen Armen empfangen, hat uns geprägt und zu den Menschen gemacht, die wir heute sind.

Ich werde gleich so ungeschminkt und echt wie möglich von der ersten Zeit berichten. Und obwohl ich vielleicht ein paar dunkle Tiefpunkte schildere, bitte ich dich, meine Erzählungen immer zu filtern und dich daran zu erinnern, was die Grundlage all dessen ist, was wir hier tun und erleben, nämlich: Liebe.

Mit meinen internationalen Freunden hier in Tel Aviv habe ich angefangen, *#israel* zu benutzen, wann immer wir eine typisch israelische Erfahrung teilen. Es fasst alle Gefühle irgendwie perfekt zusammen. Ich weiß nicht genau, was es ist, aber irgendwie schafft dieses Hashtag das Kunststück, Murphys Gesetz gleichzeitig zu widerlegen und zu unterstreichen.

Hier also ein paar unterhaltsame Berichte über unsere ersten Erfahrungen in diesem facettenreichen Land.

Wir kamen am 26. August 2014 in Tel Aviv an. An dem Tag wurde öffentlich ein Waffenstillstand im Gaza-Konflikt bekanntgegeben. Nachdem wir fast unseren Anschlussflug von Amerika über Zürich verpasst hatten, landeten wir mit unseren fünf Koffern und einer Tasche voller Träume am Flughafen Ben Gurion.

Wir standen bereits eine Stunde an, als wir von der Grenzkontrolle in ein gesondertes Büro geführt wurden, das diejenigen abfertigt, die mit einem Visum einreisen wollen. Dort fanden wir heraus, dass wir dieses spezielle Visum erst beim Innenministerium im Land bekommen würden. Wie viele endlose Stunden haben wir dann beim sogenannten «Misrad Hapnim, Israel's Ministry of the Interior», gesessen und gewartet!

Jeder Ausländer stöhnt, wenn er «Misrad Hapnim» hört …

Photo

Liked

tabeaoppliger Some are flying. Some are reaching out. Some are landing. Some are on the ground. Sometimes it's just a cold and broken hallelujah. Definitely me today. #nosecondwindjustnow #oneofthosedays #hallelujahanyway #everydaygrace

View all 12 comments

catrinalh Grace grace warrior girl. I'll hold your shield

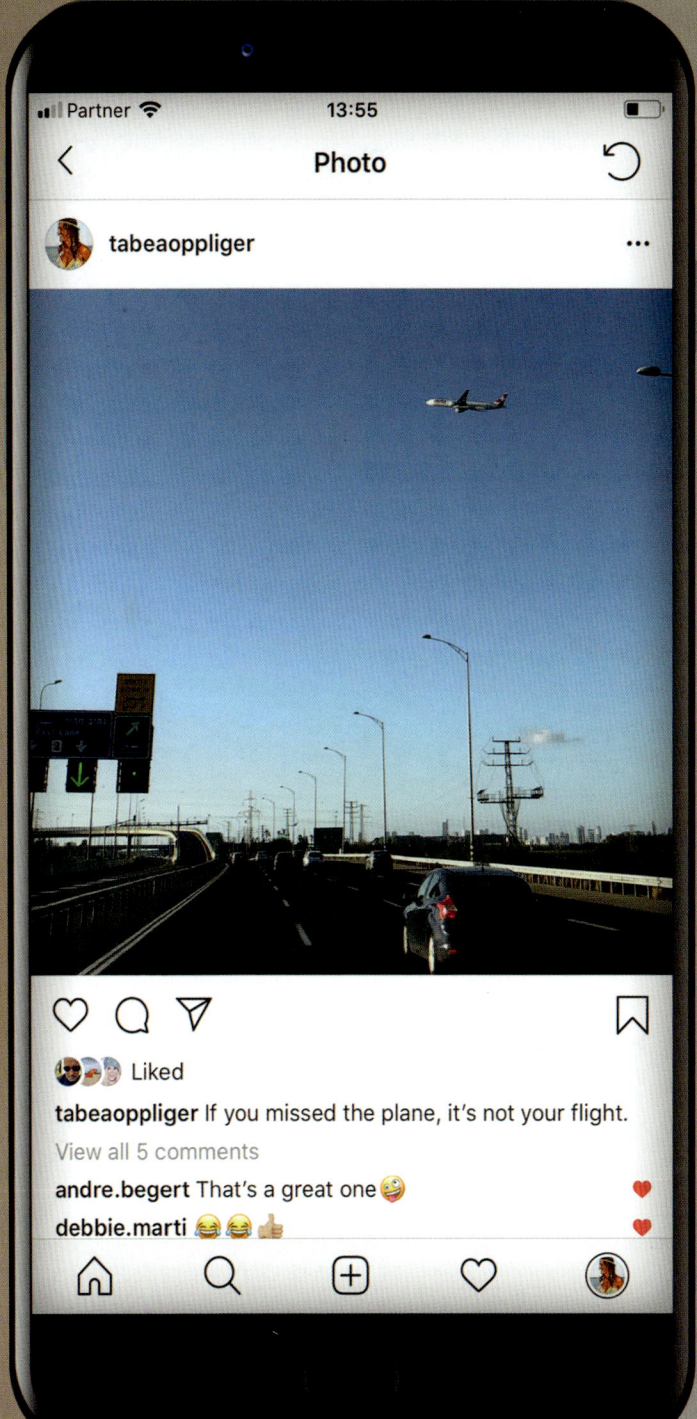

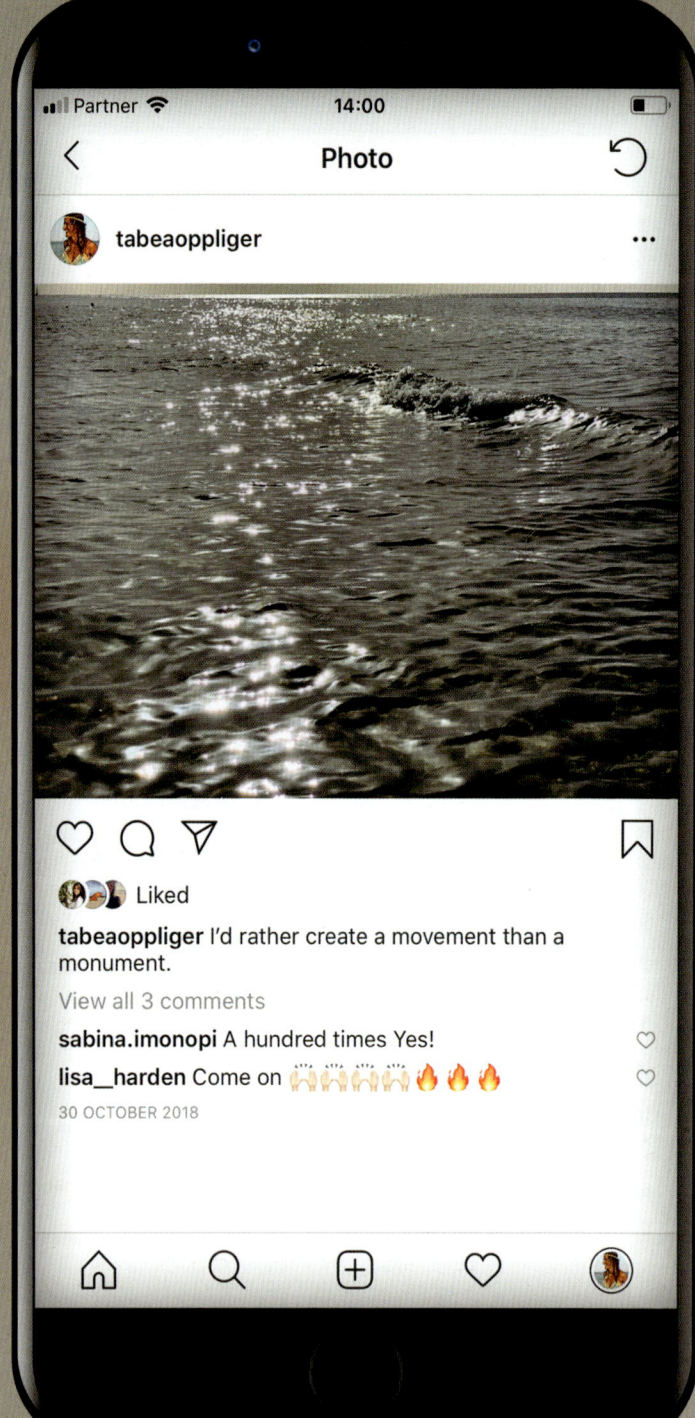

tabeaoppliger

tabeaoppliger I'd rather create a movement than a monument.

View all 3 comments

sabina.imonopi A hundred times Yes!

lisa__harden Come on 🙌🏻🙌🏻🙌🏻🙌🏻🔥🔥🔥

30 OCTOBER 2018

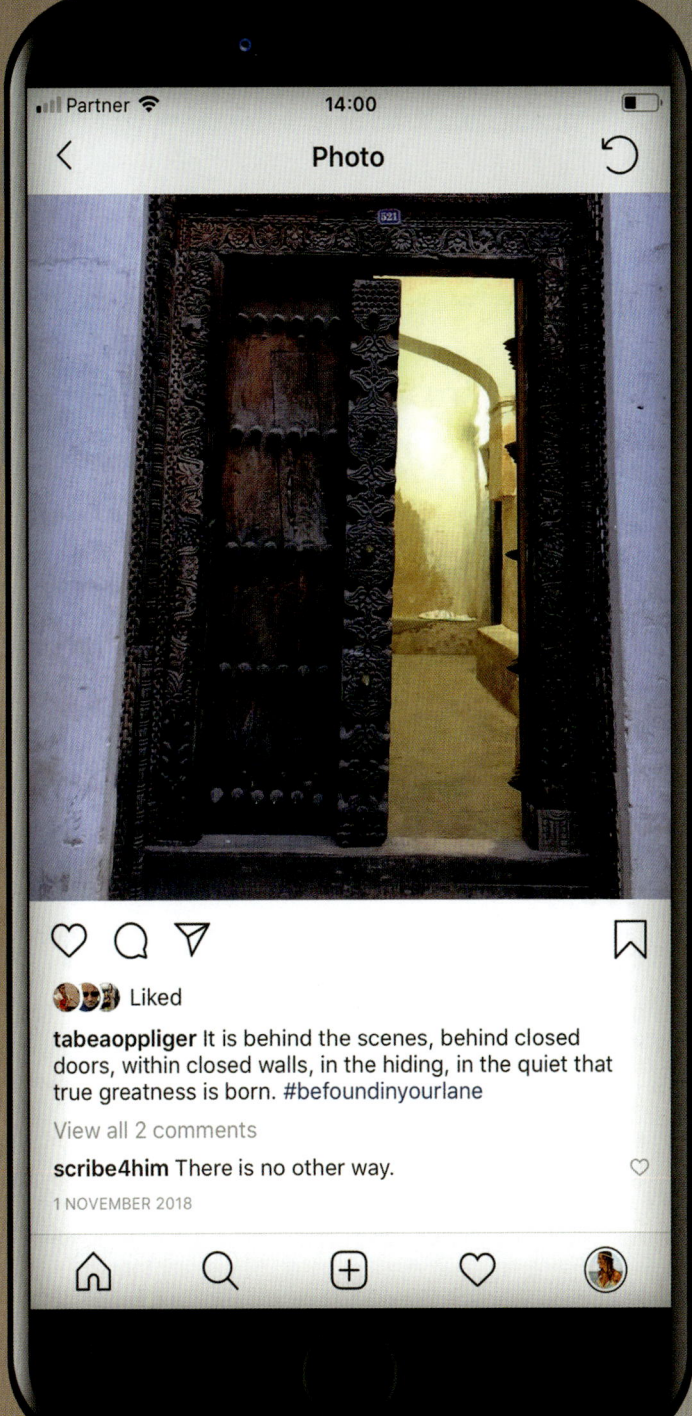

♡   💬   ✈   🔖

😊😊😊 Liked

tabeaoppliger It is behind the scenes, behind closed doors, within closed walls, in the hiding, in the quiet that true greatness is born. #befoundinyourlane

View all 2 comments

scribe4him There is no other way.   ♡

1 NOVEMBER 2018

🏠   🔍   ⊕   ♡   👤

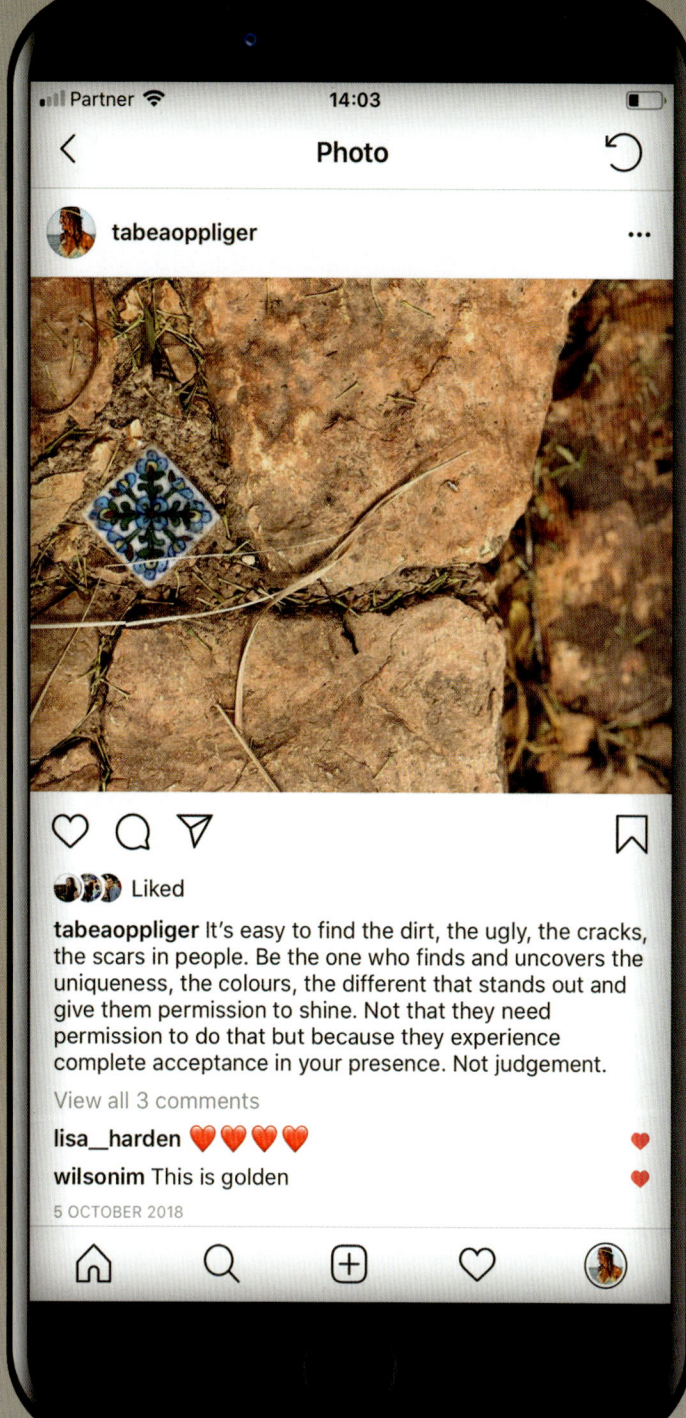

tabeaoppliger

Liked

tabeaoppliger It's easy to find the dirt, the ugly, the cracks, the scars in people. Be the one who finds and uncovers the uniqueness, the colours, the different that stands out and give them permission to shine. Not that they need permission to do that but because they experience complete acceptance in your presence. Not judgement.

View all 3 comments

lisa__harden ❤️❤️❤️❤️ ❤️

wilsonim This is golden ❤️

5 OCTOBER 2018

♡   💬   ✈   🔖

Liked

tabeaoppliger Pioneering takes a whole lot of FAITH. Faith is believing even when you don't see it physically. Faith is looking beyond what meets the eye and trusting that what you know deep in your heart will come to pass. Faith often surpasses common sense and usually goes against all odds. Faith means planting a seed and allowing others to reap what you sowed. Faith is a choice. •••••••

🏠   🔍   ⊞   ♡   👤

tabeaoppliger There is something mysterious about standing outside and looking into an open window. What is hidden is not revealed and leaves room for imagination and visualization of what fills the spaces. And sometimes you have to do just that to get a new perspective of your life. You need to step outside and let your imagination run wild once more of what could be inside. And then enter in again to what is and rearrange according to what new things you saw. #musings

Liked

tabeaoppliger Freedom. Every human being has the right to it and yet we simply often ignore and accept the fact that so many people don't have it. What are you doing with your freedom? May it never be used to rob the freedom of others. Think before you consume; whatever is free to you may come for a high price for another. Don't take your choices for granted; what may be accessible for you may be unreachable for others. #freedom #choices

Liked

tabeaoppliger I cannot begin to tell you the joy of watching broken become beautiful simply because of LOVE. When received, it releases potential. When given, it provides nurturing ground. And when filled up, it begins to overflow. To hear and experience this from our people @air_kitepride "it's time I give back to you" and they step up to support in areas you are up to your eyeballs in, you simply breathe gratitude. #thankful #love #payitforward #secondwindforkitesandpeople #womenempowerment

tabeaoppliger

Liked

tabeaoppliger If you really want to know where Jesus walked or would be walking today in the Holy Land, I'll gladly show you and take you in His footsteps. #notwhereyoumightchoosetowalk #walkwiththebroken

View all 4 comments

tabeaoppliger

If it costs you your peace it's too expensive.

Liked

tabeaoppliger May peace be your measure.

View all 7 comments

scribe4him Agreed

simkia77 Soo guet!

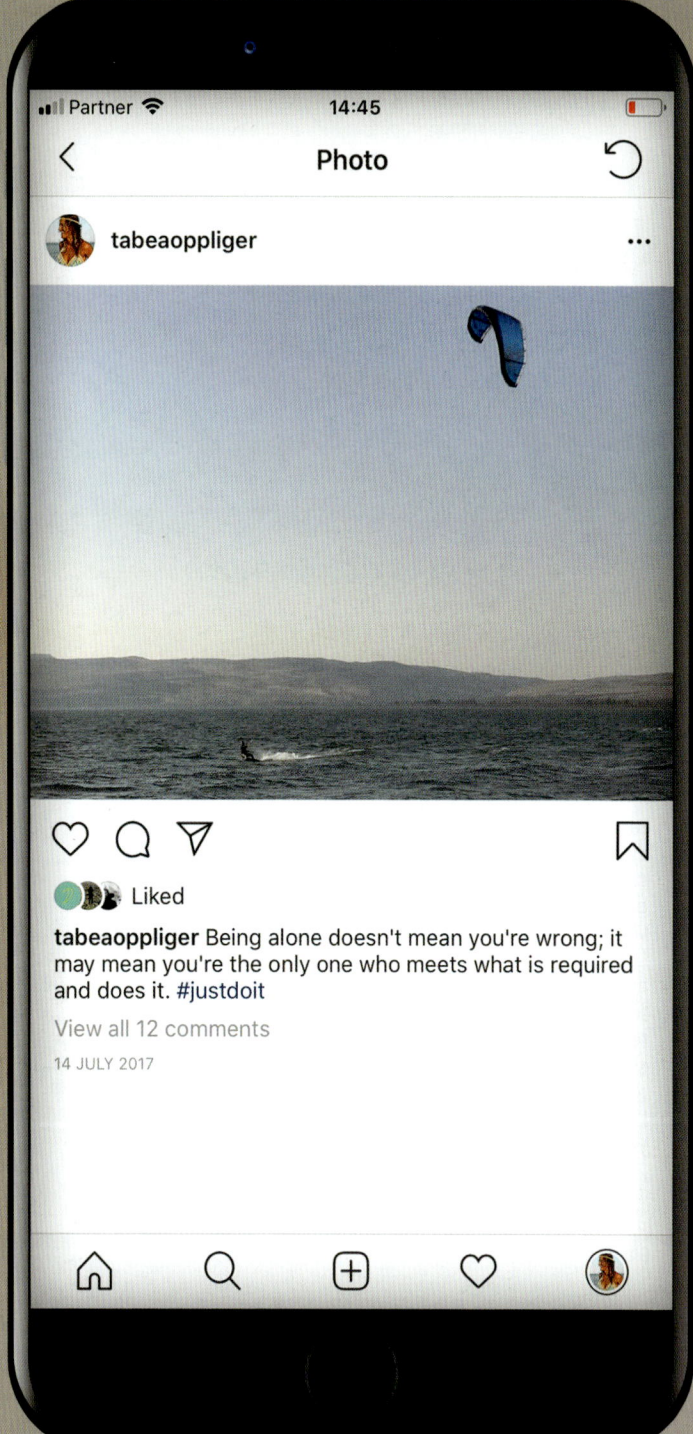

♡ ○ ◁   ▯

Liked

tabeaoppliger My heart breaks as I see her and where the devastating destructive cycle of prostitution and drugs has taken her. Even though together with a team we have fed this specific woman, clothed her, dressed her wounds, massaged her ... she has not yet been able to break free from the power of darkness. But some have. And they are in our after care. So as much as this image makes me cry it spurs me on to keep seeing the one and doing what we do. Even if we cannot save them all we can start with one and then another. We now have 8 people working in our social business which means 8 lives do not have to face this reality anymore. You can help us keep more people off the streets by shopping @air_kitepride

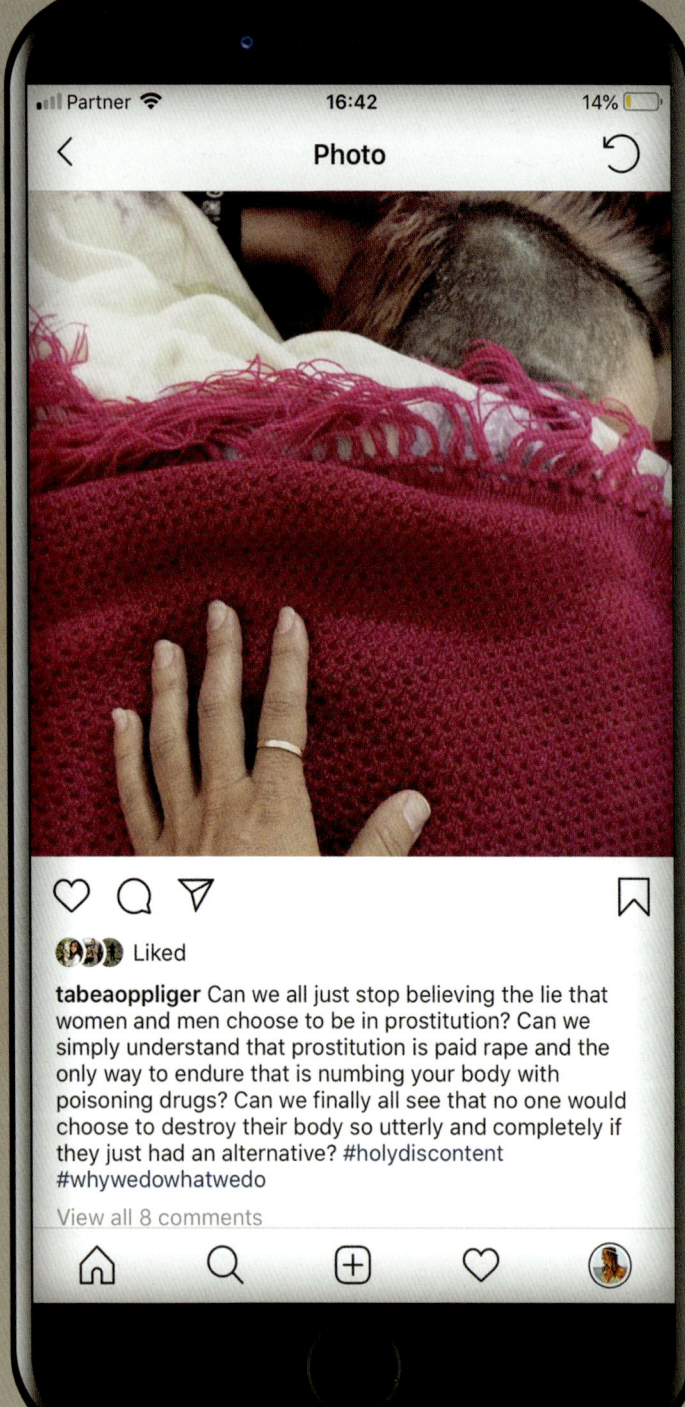

Liked

tabeaoppliger Can we all just stop believing the lie that women and men choose to be in prostitution? Can we simply understand that prostitution is paid rape and the only way to endure that is numbing your body with poisoning drugs? Can we finally all see that no one would choose to destroy their body so utterly and completely if they just had an alternative? #holydiscontent #whywedowhatwedo

View all 8 comments

tabeaoppliger

♡ ◯ ◁   ⊏⊐

Liked

tabeaoppliger You won't find it if you don't want to see it. #theslumsoftelaviv #helldujour

4 JANUARY 2016

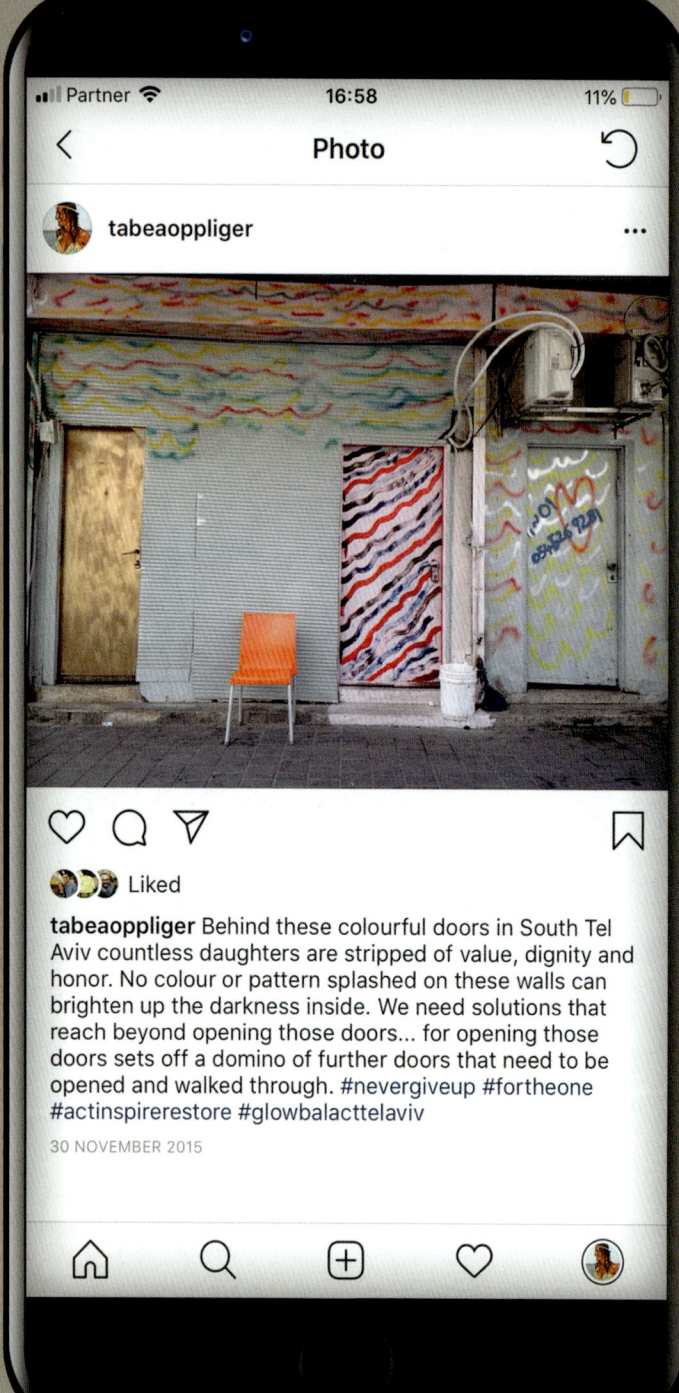

tabeaoppliger ...

♡ ⬭ ⬈　　　　　　　　　🔖

👥 Liked

tabeaoppliger Behind these colourful doors in South Tel Aviv countless daughters are stripped of value, dignity and honor. No colour or pattern splashed on these walls can brighten up the darkness inside. We need solutions that reach beyond opening those doors... for opening those doors sets off a domino of further doors that need to be opened and walked through. #nevergiveup #fortheone #actinspirerestore #glowbalacttelaviv

30 NOVEMBER 2015

⌂　　🔍　　⊞　　♡　　👤

⇄ ▭ **glowbalact**

♡　　💬　　✈️　　　　　　　　🔖

⚫🌑🧑 **Liked**

tabeaoppliger #justicewillprevail
Repost @glowbalact · · ·
Picture this:
An entire burning bed is thrown out of a brothel window
and gets caught on the satellite dish and flares up. The
Pimp on the scene, curses a John, punches, kicks and
slaps him and then brings his expensive sports car into
safety. He doesn't notify the police or the fire fighters and
he doesn't seem concerned about the women's safety...
This is what we witnessed today. And many other things
that are too horrible to even imagine.

23 NOVEMBER 2015

🏠　　　🔍　　　⊞　　　♡　　　👤

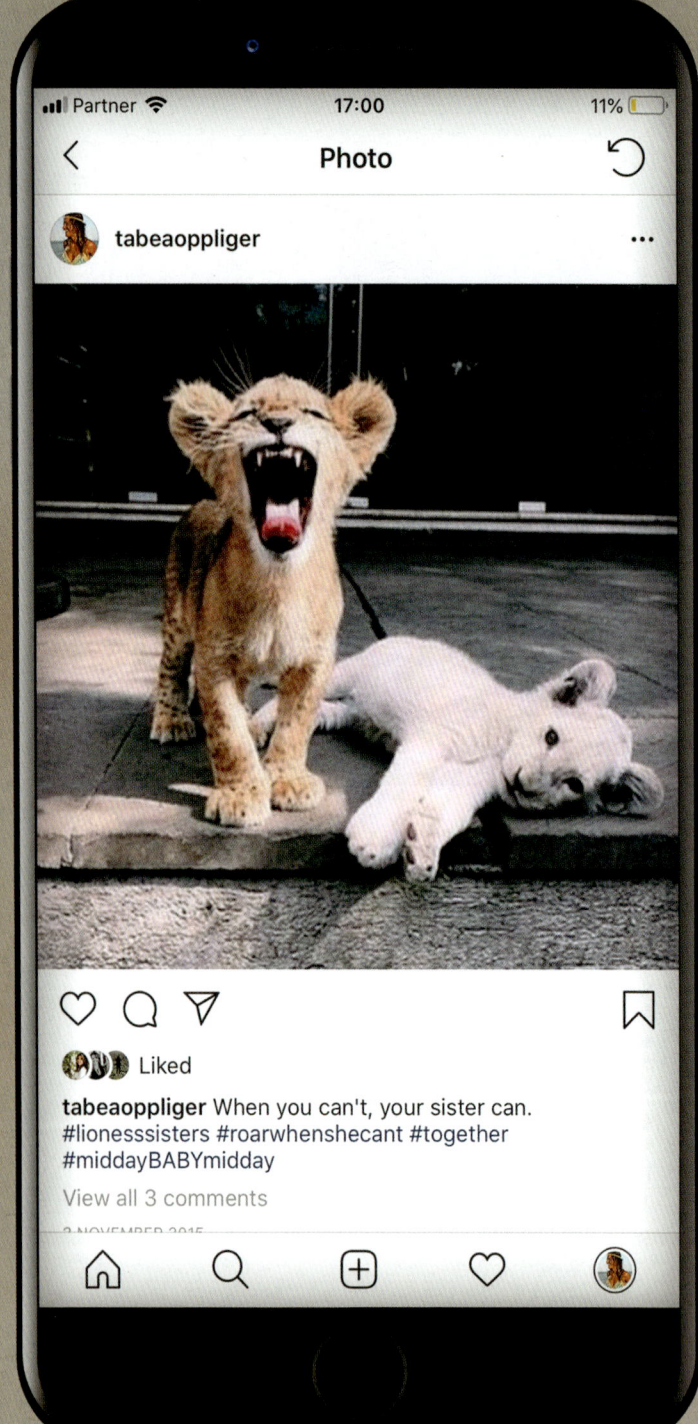

tabeaoppliger   •••

♡ ◯ ⇗   🔖

Liked

tabeaoppliger When you can't, your sister can.
#lionesssisters #roarwhenshecant #together
#middayBABYmidday

View all 3 comments

3 NOVEMBER 2015

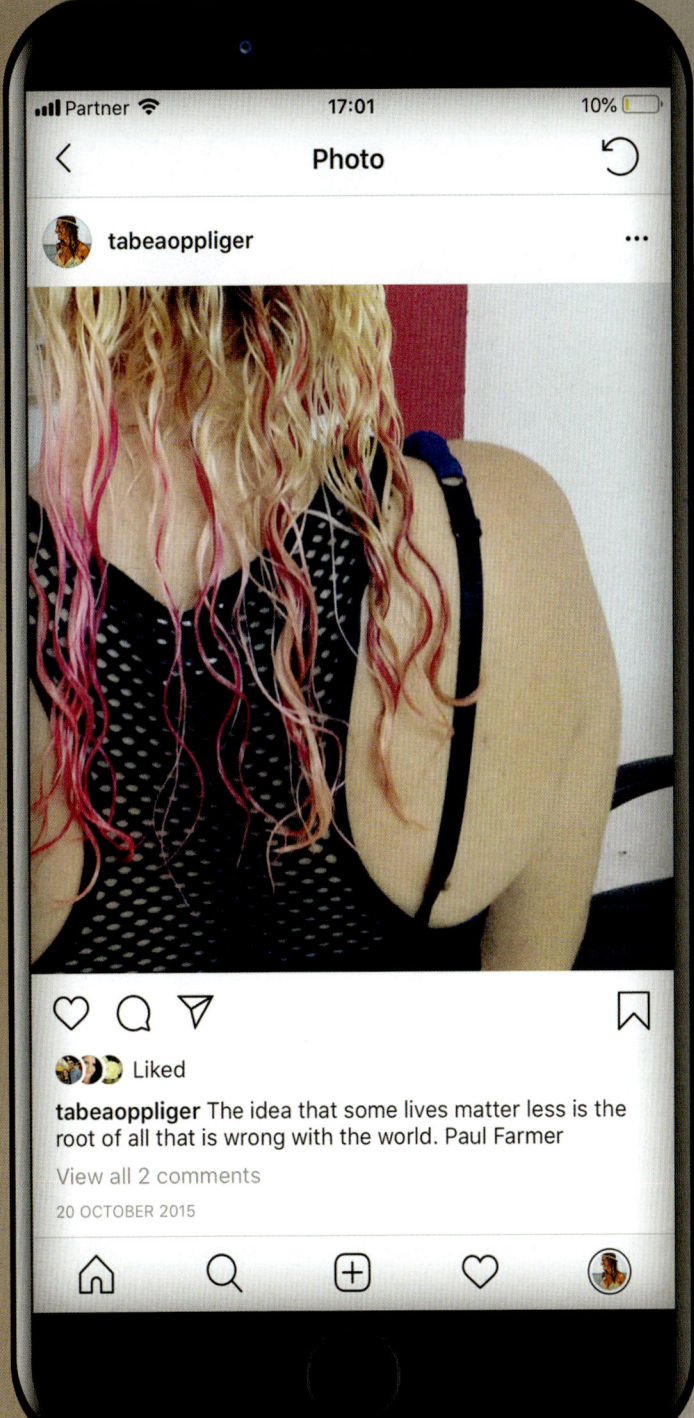

tabeaoppliger

Liked

tabeaoppliger The idea that some lives matter less is the root of all that is wrong with the world. Paul Farmer

View all 2 comments

20 OCTOBER 2015

tabeaoppliger Not one single girl I've encountered (ever) entered prostitution by free will.
Surely no one can argue that this is free choice any more than the cattle in the squeeze chute choose to go to their death.

19 OCTOBER 2015

🔁 glowbalact

♡ ⬡ ◁   🔖

👥 Liked

tabeaoppliger #Repost @glowbalact · · ·
We took this photo in the South of Tel Aviv. People should
not have to live in this! Poverty is one of the many reasons
that leads women into prostitution. The desperate need for
money and no other choice. "Before you have even woken
up properly in the morning, you have to go into a room with
a man, smile, project a feeling of ease, show happiness, be
soft, laugh and give him the feeling that you are attracted
to him and also tell him what kind of sexual acts you do and
how much they cost. That stage kills me. It's a game, a
show. I die inside anew every time. How much can you lie?
To be naked and smile and give a strange man the feeling
that you are providing him with what he wants?" A.
Prostitute in Tel Aviv
We want to provide a way out and give these women an
alternative. Will you help us help them? link in profile

17 AUGUST 2015

⌂   🔍   ⊞   ♡   👤

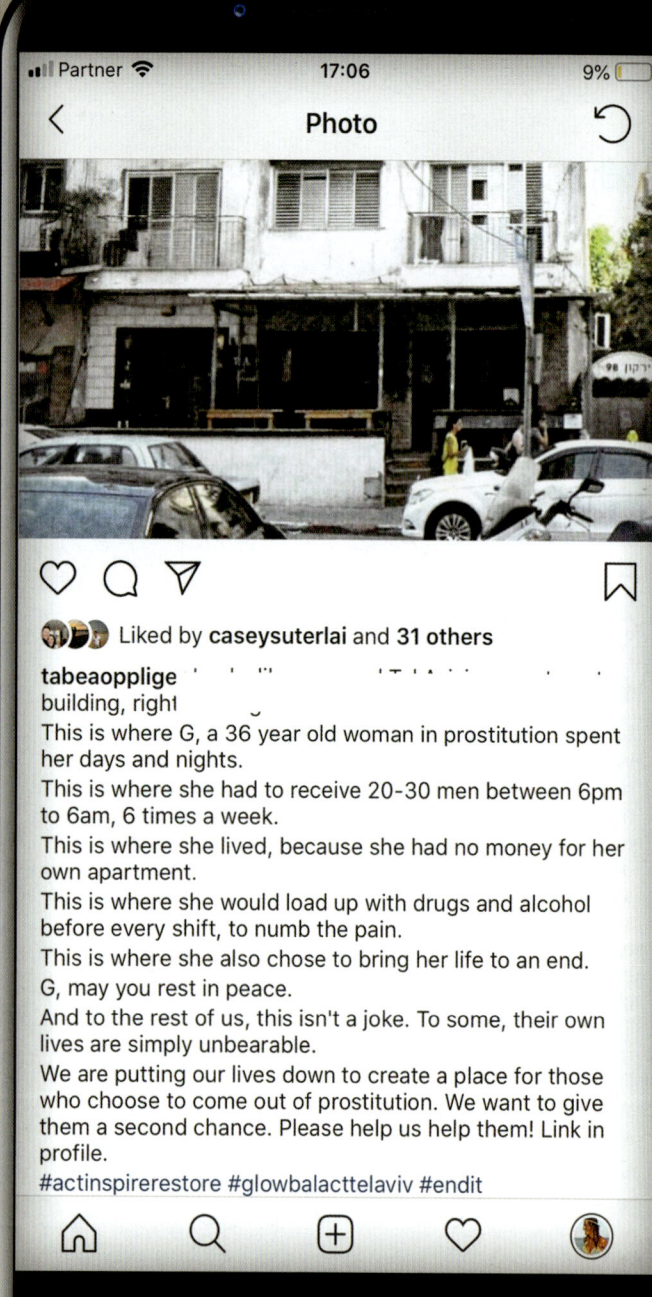

Liked by **caseysuterlai** and **31 others**

tabeaopplige .... Tel Aviv ...... street
building, right ......

This is where G, a 36 year old woman in prostitution spent her days and nights.

This is where she had to receive 20-30 men between 6pm to 6am, 6 times a week.

This is where she lived, because she had no money for her own apartment.

This is where she would load up with drugs and alcohol before every shift, to numb the pain.

This is where she also chose to bring her life to an end.

G, may you rest in peace.

And to the rest of us, this isn't a joke. To some, their own lives are simply unbearable.

We are putting our lives down to create a place for those who choose to come out of prostitution. We want to give them a second chance. Please help us help them! Link in profile.

#actinspirerestore #glowbalacttelaviv #endit

Übernächtigt und vom Jetlag gebeutelt, saßen wir schließlich in einem Taxi – auf dem Weg zu einer Wohnung, die wir unser Zuhause nennen würden, aber noch nie mit eigenen Augen gesehen hatten. Nachdem wir unsere Wohnung in der Schweiz blitzsauber und makellos an unsere Nachmieter übergeben hatten, erwarteten wir, hier nichts anderes vorzufinden.

Wir hatten keine Ahnung, dass bei einem Auszug aus einer Wohnung in Israel niemand von dir erwartet, dass du sie sauber machst. Auch den Renovierungsdreck muss der neue Bewohner selbst loswerden. Es ist, wie es ist. Arrangiere dich damit, oder lass es bleiben.

Da standen wir nun im Flur unserer Wohnung und mochten nicht einmal unsere Koffer in der dicken Schicht Renovierungsdreck abstellen, die bis in jede kleinste Nische hineinreichte. Ein paar unserer Habseligkeiten waren bereits Monate zuvor verschifft worden und standen nun in einer Ecke des Hauses. Dank unserem Freund Moshe warteten außerdem zwei große Matratzen auf uns – Gott sei Dank noch immer in Plastik verpackt –, so dass wir tatsächlich in dieser Nacht noch etwas Schlaf bekamen.

In einem der Räume hatten die Handwerker ihr Lager aufgeschlagen. Ihre dreckige Matratze auf dem Boden war umgeben von Müll, der keinen Zweifel darüber ließ, was sie jeweils zum Frühstück, Mittagessen und Abendessen gehabt hatten. Irgendwo war ein kleiner Kühlschrank angeschlossen, in dem ein paar offene Getränkedosen und sogar etwas saure Milch vor sich hin schimmelten und gammelten.

Ansonsten war die Küche leer. Kein Herd, kein Ofen, keinerlei Geräte – die musst du selbst mitbringen. Wäre praktisch gewesen, wenn uns das vorher jemand gesagt hätte! Wenn man etwas für selbstverständlich hält, ist man fast immer auf dem Holzweg.

Wir hatten den Besitzer bereits für den ganzen August bezahlt und fühlten uns komplett ausgenutzt. Bald fanden wir heraus, dass wir als Neuankömmlinge im Land von den Israelis oft als sogenannte «Freier» gesehen wurden – nein, keine Angst, nicht Freier, wie wir das Wort im Deutschen kennen. «Freier» ist im Hebräischen einfach der meist gefürchtete Stempel, den du bekommen kannst. So schrieb Shoshana Kordova, eine Kolumnistin der «Haaretz»-Zeitung, einmal:

«Der Drang, kein ‹Freier› zu sein, könnte durchaus eine der grundlegenden Triebkräfte des durchschnittlichen Israeli sein. Man kann sagen, dass das Grauen davor, als Trottel dazustehen – nicht nur, wenn man auf einen Betrug hereinfällt, sondern auch insofern, als man in fast jeder Situation den Kürzeren zieht –, sich in einem breiten Spektrum stereotyper israelischer Verhaltensweisen niederschlägt.»

Ich hätte heulen können! Wir machten uns auf die Suche nach dem nächsten Café. Niemals werde ich Rotem vergessen, den sehr freundlichen Barista, der sofort unser Freund wurde. Der mich mit seinen ernsten großen, braunen Augen ansah und sich entschuldigte für so einen unangenehmen Empfang in seinem Land. Er sagte das, was eines meiner ersten Sprichwörter in Hebräisch werden würde: «יהיה בסדר Hee-ye beseder. Es wird alles gut.» Oder zumindest besser.

Nach einem köstlichen israelischen Essen und frischem Fruchtsaft waren wir bereit für die Herkulesaufgabe, wenigstens ein Zimmer in dem Apartment bewohnbar zu machen. Es versteht sich von selbst, dass ich zuerst einen Laden finden musste, um Reinigungsutensilien zu kaufen – von denen ich die Etiketten nicht lesen konnte und nur inständig hoffte, dass die Farben der Hersteller eine universelle Bedeutung haben, so dass ich das als Anhaltspunkt nehmen konnte.

Den Rest des Tages verbrachten wir damit, Boden und Wände zu schrubben, bevor wir vorsichtig die beiden Matratzen auspackten und die Folie als Schutz auf dem Boden ausbreiteten. Wir teilten uns die Matratzen zu fünft, durchsuchten die Kisten nach Bettlaken und fielen schließlich alle in einen tiefen Schlaf.

Wie sich herausstellte, entsprach unsere Mietwohnung keineswegs dem israelischen Standard. Aber da es unsere erste war und wir keine Vergleichsmöglichkeiten hatten, dachten wir, das sei nun einmal das, was man in Tel Aviv bekommt für die übrigens ungeheuerlich hohe Miete, die wir dafür bezahlen mussten.

Wir hatten ekelhafte, alle Räume mit extremem Gestank

erfüllende Abwasserprobleme, Schimmel an den Wänden und unzählige Überschwemmungen während der regnerischen Wintersaison. Es verging keine Woche, ohne dass wir den Besitzer des Hauses anrufen und bitten mussten, vorbeizukommen und ein weiteres Problem zu lösen.

Der erste Regen kam Anfang November, und wir fanden schnell heraus, dass unsere Wohnung mehr als nur ein einziges Mal unter Wasser stehen würde. Eines Nachts wachte ich auf, als ich meine vierjährige Tochter weinen hörte: «Mami, ich bin nass!» Im Halbschlaf dachte ich, sie hätte in ihr Bett gemacht, doch als ich aufstand, um nach ihr zu sehen, watete ich plötzlich durch knöcheltiefe Pfützen. Das Wasser floss unter der Kellertür hindurch.

Wenn es in Israel regnet, dann regnet es in Strömen! Das israelische Wetter ist wirklich ein Phänomen. Die Winter sind sehr nass und kalt, und ohne vernünftige Isolation und Heizung frierst du bis auf die Knochen. Ich habe in meinem ganzen Leben noch nie so gefroren. Da ich zwanzig Jahre in der Schweiz gelebt habe, will das einiges heißen. Man kann es nicht erklären, und der Sommer kann nicht früh genug kommen! Ich ziehe die heiße Schwüle im Sommer jedem kalten und regnerischen Wintertag vor.

Ich erinnere mich auch an mehrere Situationen, in denen der Stromversorger anrief und uns damit drohte, den Strom im gesamten Haus abzudrehen, weil wir Rechnungen nicht bezahlt hatten, die wir entweder nie erhalten hatten oder einfach nicht lesen konnten. Es war ein einziges Chaos, und oft war ich total niedergeschlagen.

Etwas Neues zu beginnen, kostet einen hohen Preis, und ich denke nicht, dass man jemals wirklich voll und ganz darauf vorbereitet sein kann.

Wir starteten durch mit einem Team von Leuten, das die Mission, die kommerzielle sexuelle Menschenausbeutung zu stoppen, genauso ernst nahm wie wir. Wir alle waren irgendwie naiv, wenn es darum ging, wie dieses «Stoppen» konkret aussehen sollte.

Die hohen Lebenshaltungskosten zwangen uns, fast zwei Jahre lang mit allen Volunteers unter einem Dach zusammen zu leben und zu arbeiten. Selbst unsere ersten Europaletten-Möbel produzierten wir in einem der Kellerräume!

Mein Mann zog sich oft in das benachbarte Einkaufszentrum zurück, um in Ruhe am ersten Geschäftsplan für unser Sozialunternehmen arbeiten zu können, während ich die Kinder in Schach hielt, die oft nach einem anstrengenden Tag in der hebräischen Schule völlig platt nach Hause kamen. Sie waren emotional ausgelaugt, aber sie waren auch richtig tapfer! Den ganzen Tag saßen sie brav in der Klasse, ohne eine Ahnung zu haben, wovon die Rede war. Ich meinerseits war ja schon nach einer Stunde in der Sprachschule völlig erledigt …

Ich muss aber hinzufügen, dass es in Israel hervorragende Integrationsmethoden für Neuankömmlinge gibt, da ja regelmäßig Juden aus aller Welt ins Land kommen. Unseren Kindern wurde die kostenlose Teilnahme am Programm für Neueinwanderer angeboten, um ihnen den Schulbesuch in einer neuen Sprache zu erleichtern. Wir erlebten viel Sensibilität und Entgegenkommen von allen Lehrern, die fasziniert waren von dem, was wir in Israel taten.

Um die Wahrheit zu sagen: Es war die schwerste, herausforderndste Zeit meines Lebens. Ich weine normalerweise nicht viel, aber während meines ersten Jahres in Tel Aviv muss ich wohl mehr als einen großen Eimer mit Tränen gefüllt haben.

Es war keine gute Entscheidung gewesen, in den ersten Monaten unseres Start-ups die freiwilligen Mitarbeiter und unsere sensiblen Kinder unter einem Dach zusammenzupferchen. Nie zuvor hatte ich jemanden in meinem Alter angeschrien – und ich meine hier wirklich: angeschrien. Aber in diesem ersten Jahr passierte mir das mehrmals. Ich fühlte mich oft schutzlos, so als wäre meine Seele nackt und bloß, und ich konnte niemanden außer mir selbst dafür verantwortlich machen.

Jeden Tag kämpfte ich darum, das Gesamtbild nicht aus den Augen zu verlieren.

Ich weiß noch, wie ich zwei Jahre lang einen Bogen um Facebook machte, weil ich es entsetzlich fand, wie die Leute unser neues Leben in Tel Aviv wahrnahmen. Wenn ich etwas postete über die Schwierigkeiten, mit denen wir konfrontiert waren, kamen nur wenige oder gar keine Reaktionen darauf. Aber wenn ich Fotos teilte von unserem Sabbat oder den flüchtigen Momenten der Ruhe gemeinsam mit der Familie, die wir uns mühsam erkämpfen mussten, bekam ich haufenweise Likes und Kommentare wie: «Du lebst echt das Leben deiner Träume!»

Es traf und trifft mich immer noch, wie oberflächlich die Dinge geworden sind. Man hat den Eindruck, die Leute nehmen die Abbilder und Zerrbilder der Dinge für bare Münze und leben viel mehr in diesen Scheinwelten als in der realen Welt selbst. Und sie sehen mit Absicht nur das, was ihnen gefällt und womit sie sich identifizieren wollen.

Nichts kann so demütigend sein, wie deine Komfortzone zu verlassen und in eine komplett neue Kultur und Sprache einzutauchen. Wenn du für die Wahrnehmung und Anerkennung seitens anderer Menschen gelebt hast und deine Identität in dem gefunden hast, was du erreicht und getan hast, und wenn dir das dann unter den Füßen weggezogen wird, dann triffst du plötzlich auf eine neue Situation – und auf ein neues Selbst.

Falls ich vor meinem Umzug nach Israel jemals Leute wegen ihres Verhaltens verurteilt haben sollte, dann ist das eine Sache, die ich abgelegt habe. Du weißt einfach nie, was ein Mensch gerade durchmacht. Nach außen hin mag alles toll aussehen – aber innerlich tobt die Hölle, weil ein schwerer Schlag nach dem anderen auf deine Seele eindrischt. Dann fehlt nur noch ein Funke, um ein Feuer zu entfachen.

Das Leben hier hat mich gelehrt, dass es niemanden gibt, den man nicht lieben möchte, wenn man erst einmal seine ganze Geschichte gehört hat.

Einmal kam ich zu spät, um meine Tochter von der Schule abzuholen. Meine Nerven lagen bereits blank aufgrund einer Reihe von unvorhergesehenen Ereignissen an jenem Tag. Als ich mein Fahrrad bestieg und gerade losfahren wollte, bemerkte ich, dass ich einen Platten hatte.

#israel!

Ich kann dir nicht sagen, wie oft ich schon Nägel, Glasscherben oder Dornen in meinen Reifen hatte – und das natürlich immer im denkbar ungünstigsten Moment!

Gott sei Dank gab es einen Fahrradladen direkt gegenüber von meiner Arbeit, also lief ich hinüber und bat die Leute dort, den Reifen zu flicken. Wie so oft in Israel war die Frau an der Theke an ihrem privaten Telefon und ignorierte mein Anliegen. Ich versuchte ihr klarzumachen, dass ich wirklich jemanden brauchte, der sich um diese Angelegenheit kümmerte, und zwar jetzt! Aber sie zuckte bloß mit den Schultern und sagte, dass keiner der Mechaniker Zeit habe – und fuhr dann damit fort, ihre Nachrichten einzutippen und ihren Snack zu kauen.

Mittlerweile schäumte ich vor Wut, und entsprechend fiel meine Reaktion aus. Ich war selbst geschockt von meiner eigenen Grobheit! Als ich hinausstürmte, schwor ich mir, dass ich nie wieder einen Fuß in diesen Laden setzen würde.

Aber da Gott wusste, dass ich mir das nicht leisten konnte, kam am nächsten Tag eine sehr reumütige Tabea O. zurück in das Geschäft gekrochen. Es kostete mich einiges an Mut und Demut, zuzugeben, dass ich einen Fehler gemacht hatte, auch wenn das Verhalten der Frau gewiss ebenfalls fragwürdig gewesen war.

Apropos Fahrräder: Seitdem wir in Israel leben, sind uns

fünf Fahrräder gestohlen worden. Drei von ihnen direkt vor unserer Haustür, angekettet an das Treppengeländer am Hauseingang. Das letzte direkt an unserem Arbeitsplatz, und ein weiteres, als ich gerade meine Lieblings-Medjool-datteln bei unserem lokalen Obst- und Gemüsehändler kaufte. Ich kam aus dem Laden und fand keine Spur von meinem Fahrrad. Für einen Moment dachte ich, dass ich träume. War ich an dem Tag zum Supermarkt gelaufen? – Das waren die teuersten Datteln, die ich jemals gekauft hatte, denn sie kosteten mich mein Haupt-Transportmittel!

Ich weiß noch, wie ich eine imaginäre Notiz für die Verdächtigen im Zusammenhang mit den drei ersten gestohlenen Fahrrädern hinterließ:

«Lieber Dieb, ich denke, nach drei Fahrrädern in weniger als zwei Wochen solltest du dir eine moralisch akzeptablere Art überlegen, an die Dinge heranzukommen, die du dir nicht leisten kannst. Wir arbeiten hart, um unseren Lebensunterhalt zu verdienen. Das solltest du auch. Und wenn du keinen Job findest, bieten wir tatsächlich Jobs für Menschen in Not an. Mit freundlichen Grüßen, eine fünfköpfige Familie.»

Das ganze israelische System baut auf dem Besitz eines israelischen Personalausweises auf, der auf Hebräisch «Te'udat Zehut» genannt wird und mit einer Identitätsnummer versehen ist. Man könnte sie wahrscheinlich mit der amerikanischen oder deutschen Sozialversicherungsnummer oder der Schweizer AHV-Nummer vergleichen. Sicherlich hat jedes Land seine Form von persönlichen Identifikationsnummern für Steuern oder Versicherungsscheine. Ich denke, der einzige Unterschied ist, dass du in Israel *für alles und nichts* deine Te'udat Zehut brauchst.

Wie du dir vielleicht vorstellen kannst, ist es für einen Inhaber eines ausländischen Passes – ohne die Aussicht, in absehbarer Zeit diesen israelischen Ausweis und die besagte Identitätsnummer zu bekommen – ziemlich umständlich, sich ohne Te'udat Zehut durchs Leben zu schlagen:

Du kannst nichts online erledigen, musst dich also dauernd an irgendwelchen Schlangen anstellen, in denen nichts vor und nichts zurück geht. Du wartest ewig am Telefon, wo fast nie ein Mensch aus Fleisch und Blut am anderen Ende der Leitung zu sitzen scheint. Für jede sportliche oder schulische Aktivität deiner Kinder am Nachmittag musst du persönlich im Anmeldebüro auf der Matte stehen. Und so weiter. Wenn du also zur Bank, zur Post und zu irgendeiner Vereinsgeschäftsstelle willst und schaffst es tatsächlich an einem einzigen Tag, alles zu erledigen, was du dir vorgenommen hast, dann …

… hast du echt den Jackpot geknackt!

Mein ständiges Gebet ist es, dass unsere Krankenhausbesuche und alles, was irgendwie mit Gesundheit zu tun hat, hier in Israel auf ein Minimum reduziert bleiben darf, weil ich damit nicht die tollsten Erfahrungen gemacht habe.

Einmal ging es mir am Sabbat so hundeelend, dass ich einen russischen Arzt bestechen musste, mich zu behandeln, weil ich meine israelische Krankenversicherungskarte immer noch nicht hatte – und das, obwohl ich eigentlich in ihrem System drin war.

Ein anderes Mal kam ich mir vor wie eine Kriminelle, als ich das Zentrum für Brustkrebsvorsorge verließ, weil ich mich geweigert hatte, eine Biopsie machen zu lassen, die unnötig war.

Versteh mich jetzt bitte nicht falsch: Ich bin mir völlig im Klaren darüber, dass Israel eines der zehn besten Gesundheitssysteme der Welt hat, und ich bin sehr dankbar, dass ich Zugang dazu habe.

Ich fühle mich im Allgemeinen immer der Gnade und Macht von Ärzten ausgeliefert, wenn ich oder meine Kinder zu einer Untersuchung antraben müssen. Selbst in meinem Heimatland geht es mir so, und natürlich erst recht im Ausland, wo ich nicht immer verstehe, was los ist.

Als sich mein Sohn hier in Tel Aviv beim Baseballspielen die Nase brach, musste ich mich auf ein nervenaufreibendes Unterfangen gefasst machen. Die Operation war für Montagmorgen in der Frühe geplant. Wir waren bereits durch gefühlte einhundert Untersuchungen geschleust worden, bei denen uns immer wieder die gleichen Fragen gestellt wurden und wir immer wieder die identischen Antworten gaben.

Endlich waren wir im Operationssaal angekommen und warteten darauf, dass Leron drankam. Der Chirurg, der die Operation durchführen sollte, war der gleiche, der uns bereits durch alle bisherigen Untersuchungen begleitet hatte. Er kam, um uns zu begrüßen und uns mitzuteilen, dass Leron der Nächste war.

Kurz bevor unser Sohn in den Raum für die Anästhesie geschoben werden sollte, kam eine weitere Krankenschwester und stellte noch einmal die gleichen altbekannten Fragen, die ich schon bis zum Erbrechen wieder und wieder beantwortet hatte. Wozu ließen die sich immer wieder dieselben Informationen geben, wenn sie doch jedes Mal nicht vernünftig eingetragen wurden?

Ich holte zum zigsten Mal unsere Pässe heraus und wartete. Prompt stellte sich heraus, dass aus unseren Schweizer Pässen nicht klar hervorging, dass wir Mutter und Sohn sind – und sie Leron daher nicht operieren konnten, weil er als Minderjähriger von seinem Erziehungsberechtigten begleitet werden musste. Wenn ich nicht rechtzeitig ein anderes akzeptables Dokument vorlegen konnte, das mich als Erziehungsberechtigte auswies, konnte seine Nase an diesem Tag nicht wieder eingerenkt werden.

Du musst bedenken, dass inzwischen drei Stunden vergangen waren und meinem Teenager der leere Magen knurrte. Ich war fix und fertig! Mein Sohn sah die Ärzte, die hitzig darüber debattierten, ob sie ihn behandeln sollten oder nicht, ungläubig an und fragte:

«Können Sie denn wirklich nicht sehen, dass sie meine Mutter ist?»

Die Krankenschwester lächelte ihn an und sagte, sie könne das Gesetz nicht umgehen, und fügte hinzu:

«Wenn ihr eine israelische Identifikationsnummer hättet, hätten wir dieses Problem jetzt nicht.»

Ich suchte mein Telefon nach einem brauchbaren Beweis dafür ab, dass ich Leron zur Welt gebracht hatte, aber am Ende war es mein superorganisierter Ehemann, der dann zu unserer Rettung den grandiosen Einfall hatte, mir nicht nur Lerons gescannte Geburtsurkunde zu schicken, sondern auch eine Kopie unserer Heiraturkunde.

Aaahhh, was wären wir ohne das durchdachte, gut strukturierte Ablagesystem meines Mannes? Wie viel Zeit uns das schon erspart hat! Danke, Schatz, du bist der Beste!

Einen Traum zu leben heißt, diesen Traum zu BAUEN. Einen Traum leben kann man nicht im Schlaf. Leben kannst du deinen Traum nur, wenn du wach bist. Das heißt, dass du jeden Tag daran baust. Es heißt, dass du dich jeden Tag neu dafür entscheidest. Es heißt, dass du jeden Tag das, was du in deinem Traum gesehen hast, in die Tat umsetzt. Denn ein Traum bleibt nur ein Traum, bis du ihn verwirklichst.

Seien wir ehrlich: Pionierarbeit, egal in welchem Bereich, bedeutet letztlich, dass man sich zu hundert Prozent aufopfert für einen Ertrag, der oftmals nicht sofort kommt und nicht sofort sichtbar wird. Doch wahre Zufriedenheit erlangen wir dadurch, dass wir Gott vertrauen und Ihn kennen als Vater, als Visionsspender und als reiche Quelle all dessen, was wir brauchen. Wir müssen diese Quelle nur anzapfen.

Und wenn wir gehorsam sind, empfangen wir auf dem Weg Küsse vom Himmel: Küsse, die uns bestätigen, dass wir immer noch das Richtige tun! Ich brauchte eine Menge solcher Bestätigungen, wieder und wieder und wieder.

Die Opfer, die es benötigt, sind nach wie vor schwer zu ertragen. Und das ist keine Jammerei, das ist die Realität. Aber um vom reinen Überleben zum Erfolg zu gelangen, müssen wir lernen, Dinge von einem Ort der Ruhe und der Übersicht aus zu tun. Ich werde nie die Worte meines Nachbarn vergessen, als ich unserem Welpen beibringen wollte, stubenrein zu werden:

«Liebes, du gibst dir zu viel Mühe!»

Dieser Satz saß! Wie oft habe ich Gott genau das zu mir sagen hören.

So oft tue ich Dinge aus meiner eigenen Stärke heraus und nehme die Sachen selbst in die Hand. Um ehrlich zu sein, das ist viel zu anstrengend. Ich fing damit an, dass ich das Wort «Mühe» aus meinem Vokabular tilgte. Von jetzt an würde ich mir keine Mühe mehr geben, sondern einfach nur sein. Und wie? Indem ich meine Gottesquelle anzapfte.

Er ist freundlich.

Er ist vollkommen.

Er ist Liebe.

Er hat alles, was wir zum Leben und Glauben brauchen (so steht's im Neuen Testament in 2. Petrus 1,3). Schlag es gerne nach.

Wir müssen aus der Tiefe schöpfen, um aus dem Überfluss handeln zu können.

Unsere Identität muss in Gott verwurzelt sein, um die Höhen und Tiefen von Erfolg und Misserfolg, Prüfungen und

Siegen, Kritik und Missverständnissen zu überwinden. Wir müssen aufhören, uns Mühe zu geben, und anfangen, die zu sein, die wir in Ihm sind.

Israel hat mich tatsächlich gelehrt, *zu sein*. Ich hatte keine andere Wahl. In den (leicht abgeänderten) Worten des ersten israelischen Ministerpräsidenten David Ben-Gurion:

«In Israel muss man, um ein Realist zu sein, an Wunder glauben.»

Du kannst hier Dinge nicht einfach nur aus deiner eigenen Stärke heraus umsetzen. Als Ausländer hast du es so schwer, mit all den dir noch völlig unbekannten Systemen und Gepflogenheiten klarzukommen, dass du ganz und gar auf Hilfe und Wunder angewiesen bist. Hilfe von Menschen, die der verlängerte Arm Gottes sind. Dir bleibt nichts anderes übrig, als zu sein, statt dir Mühe zu geben. Und das bedeutet:

Zuversichtlich zu sein.

Vertrauensvoll zu sein.

Beschenkt zu sein.

Wunder zu erwarten.

Und Wunder zu erfahren.

Wie großzügig uns doch immer dann geholfen wurde, wenn wir darum baten! Auch das ist eine Sache, die ich an den Israelis einfach liebe. Es ist so leicht, mit ihnen in Kontakt zu treten. Sie interessieren sich wirklich dafür, was du machst.

Unsere Nachbarin Tamar brachte uns eifrig mit den richtigen Leuten zusammen, um unsere Mission voranzutreiben, und sie war auch diejenige, die uns jederzeit ihr Zuhause öffnete, um Wäsche zu waschen, während ich auf unsere Waschmaschine wartete! Wir wurden Stammgäste in dem Café, in dem wir den Barista Rotem kennen gelernt hatten, und trafen dort all die Leute aus der Nachbarschaft, die uns in allen großen und kleinen Dingen nach Kräften unterstützten.

Avner, der Surfer, gab mir ein Paddle Board, das in seiner Garage stand, ohne meine Vertrauenswürdigkeit zu hinterfragen. «Ich will nur, dass du so schnell wie möglich auf dem Wasser bist und surfst! Die Einzelheiten können wir später klären», sagte er mit einem breiten Lächeln.

Oder Erez, der uns einen kostenlosen Arbeitsplatz auf dem Dach seines Anwesens anbot, als wir es uns nicht leisten konnten, etwas zu mieten, um unsere allererstens Europaletten-Möbel zu bauen. Das war gigantisch!

So viele Menschen hier und in der Ferne denken, dass wir immer alles im Griff haben – obwohl wir doch eigentlich glauben, dass wir als Leiter unsere Verwundbarkeit immer wieder sehr offen zeigen. Wir können gar nicht oft genug um Hilfe bitten. Es ist ein Zeichen von Stärke. Ich bitte beispielsweise noch immer meine Freunde, mir bei komplizierten bürokratischen Angelegenheiten auf Hebräisch unter die Arme zu greifen.

Israelis sind mehr als hilfsbereit! Ich wünschte, ich hätte mir in der ersten Zeit öfter helfen lassen. Ich werde nie vergessen, wie dumm ich mir vorkam, als ich einfach nur einkaufen ging und kein Wort verstand. Ich brachte Joghurt statt Milch nach Hause und versuchte tausend Mal, meinen berühmten Käsekuchen zu backen, bis er mir schließlich gelang. Zuvor war ich regelmäßig gescheitert, weil ich a) nicht verstand, was in der Packung drin war, und weil b) das Geschäft die passenden Zutaten nicht mehr auf Lager hatte, nachdem ich endlich herausgefunden hatte, was ich genau hätte kaufen sollen. Was soll das eigentlich, dass man in Israel nie beständig dieselben Marken bekommt?

Zum Abschluss dieses Kapitels möchte ich betonen, wie sehr ich mich in Israel und seine leidenschaftlichen Menschen verliebt habe. Nicht wie in einer kurzlebigen Romanze, sondern wie in einer wahren, tiefen, gut funktionierenden Beziehung. Wie sehr ich doch die außergewöhnliche Gastfreundschaft dieses Landes mit seinem köstlichen Essen und seinem aufrechten Stolz auf seine Wurzeln zu schätzen gelernt habe!

Es inspiriert mich, wie die Israelis feierlich ihrer Vorfahren gedenken und wie viel Wert sie darauf legen, gemeinsam für eine bessere Zukunft einzustehen. Ihre lebendige Art, das Leben zu feiern, als gäbe es kein Morgen mehr, ihre Werte zu bewahren und die Familie an erste Stelle zu setzen, spornen mich an, es ihnen gleichzutun. Ihr erfinderischer Geist fordert mich heraus, in ungewohnten Bahnen zu denken und grenzenlos kreativ zu sein.

Es ist wirklich ein Privileg, den Wiederaufbau einer einst zerstreuten Nation aus erster Hand mitzuerleben.

Als Pionierin werde ich immer auch Schülerin bleiben. Eine Schülerin des großen *Ich bin, der Ich bin.* Und eine Schülerin der Welt, in der ich lebe.

Einstweilen werde ich weiter versuchen, dahinterzukommen, was zu welchen Zeiten in welchem Supermarkt zu haben ist von all den Dingen, die ich brauche, um meine Familie mit unseren Lieblingsspeisen – wie etwa meinem Käsekuchen – bei Kräften und bei Laune zu halten. Ich mache nur Spaß, schon klar. Aber hey, läuft dir nicht das Wasser im Mund zusammen, wenn ich das Wort «Käsekuchen» erwähne?

Lecker, oder?!

Deshalb lass uns dieses Kapitel mit meiner Lieblingsversion dieses Käsekuchens abschließen. Es ist ein Rezept, das sich im Laufe der Zeit verändert hat, ganz den Feedbacks meines Mannes folgend, der unzählige Frischkäsesorten auf der ganzen Welt ausprobiert hat. Und da es in Israel nicht den Käse gab, den ich brauchte, entstand irgendwann meine neueste Version des Rezepts.

Außerdem sprechen wir in diesem Kapitel über Israel, also muss ich auch meinen Hummus mit einbeziehen. Denn was wäre Israel ohne Hummus?

Käsekuchen-Rezept

Zerkleinere eine Packung deiner Lieblings-Butter-Kekse oder deiner Mürbeteig-Kekse (ich benutze die karamellisierten von Lotus Biscoff) mit einem Nudelholz in einer Plastiktüte zu sehr feinen Krümeln (oder was auch immer für eine Methode für dich am besten funktioniert). Gib eine halbe Tasse geschmolzene Butter hinzu. Statt wie ein Teig wird es wie eine feuchte Mischung aussehen.

Die Mischung dann in eine Kuchenform geben und gleichmäßig am Boden und an den Seiten der Platte festdrücken. Während der Zubereitung der Käsekuchen-Füllung eine halbe Stunde lang in den Gefrierschrank stellen.

Für die Füllung brauchst du:

- 2 Pakete (insgesamt 450 g) Philadelphia-Frischkäse.
- 1 Dose gesüßte Kondensmilch (ca. 250 bis 300 g).
- *250 g reine Labane (abgetropfter Joghurt oder eine Art «Quark») mit 5 % Fett.
- *200 ml frische Schlagsahne.
- $^1/_3$ Tasse frischen Zitronensaft.
- 3 Blatt Gelatine (ich benutze Dr. Oetker – aber nimm ruhig die Gelatine, die du in deinem Geschäft bekommst). Mische Flüssigkeit und Gelatine gemäß den Anweisungen auf der Packung.

* Du kannst die reine Labane und die frische Schlagsahne durch 250 g Mascarpone ersetzen, aber ich muss zugeben, es wird nicht ganz dasselbe sein.

Alle Zutaten verrühren, dann die Gelatine unter die Käse-
masse geben. Auf den Kuchenboden in die Kuchenform
gießen und mindestens 8 Stunden in den Kühlschrank
stellen.

Mein Mann mag es am liebsten, am nächsten Morgen
nach dem Aufwachen Käsekuchen als Frühstück zu haben! ☺

Hummus-Rezept

Dies ist das Rezept für eine große Menge, da ich normalerweise Hummus für viele Personen mache – du kannst es
nach deinen Bedürfnissen anpassen:

- 4 Tassen (1 l) gekochte Kichererbsen (bei mir ist alles
  selbstgemacht, weil ich die Konserven nicht mag: Kichererbsen über Nacht einweichen und kochen).
- 300 g Tahini (Sesampaste).
- 5 Knoblauchzehen.
- Etwas frischer Ingwer (völlig optional. Aber jeder, der
  meinen Hummus probiert, sagt, dass es *das* ist, was ihn
  so lecker macht.)
- 150 ml frischer Zitronensaft.
- 300 ml kaltes Wasser.
- 1 Teelöffel Salz.
- Paprika und Pfeffer nach Geschmack.

Alle Zutaten in einer Küchenmaschine (einem Mixer) so lange vermischen, bis du mit der Beschaffenheit zufrieden bist. Am Ende etwas Olivenöl hinzufügen.

#trainierenstattzähmen

Ich schreibe dieses Kapitel in einem Hotelzimmer in Tel Aviv – obschon ich doch tatsächlich hier in der Stadt wohne. Genau, ich habe mir ein Hotelzimmer genommen, um für mindestens einen Tag ohne Unterbrechungen an diesem Buch schreiben zu können. Manchmal muss man tun, was getan werden muss. Ganz besonders dann, wenn du drei aktive Kinder hast, die immer noch deine Aufmerksamkeit brauchen!

Ich will damit eigentlich sagen, dass man auch mal Raum für sich selbst schaffen muss, denn meistens stellt man die Familie an erste Stelle und gibt dort immer alles. Wenn du dir nicht Zeit für dich alleine nimmst, um den Tank wieder aufzufüllen, wirst du nicht sehr weit kommen.

Als Mutter bist du in gewisser Weise dazu gezwungen, dich selbst aufzugeben und so manchen geheimen Wunsch um deiner Kinder willen zu opfern. Von Natur aus bin ich kein selbstloser Mensch. Tatsächlich bin ich schon mehrmals von Freunden auf mein egoistisches Verhalten aufmerksam gemacht worden, besonders dann, wenn es um sportliche Aktivitäten ging.

Ich bin eine Wettkämpfernatur. Früher habe ich mich immer mit anderen gemessen, doch in den letzten Jahren bin ich ein bisschen reifer und erwachsener geworden und habe gelernt, dass meine einzige wahre Konkurrentin die Person ist, die ich gestern noch war.

Ich glaube ehrlich, dass ich Kinder habe, um eine bessere Version von mir selbst zu werden! Mutter-Sein will gelernt werden – du musst lernen, zuerst dich selbst zu lieben und zu leiten, damit du deine Kinder richtig lieben und leiten kannst.

Kinder lernen von Vorbildern. Wenn du versuchst, ihnen etwas beizubringen, was du selber nicht machst, kannst du keine positiven Ergebnisse erwarten. Unsere Kinder sind unser Spiegel, und manchmal jagt es mir einen Mordsschrecken ein, was ich darin sehe. Wenn wir in den Spiegel schauen, und wenn das, was uns da entgegengafft, uns nicht gefällt – tja, dann wissen wir, dass wir dringend etwas ändern müssen.

Ich habe im vorherigen Kapitel erzählt, wie Israel uns geformt und verändert hat, und ich glaube, es hat jede Einzelne und jeden Einzelnen von uns und uns als ganze Familie sehr viel gelehrt. Ja, Israel hat uns geprägt.

Wenn du den Baum, in dem sich das Nest für deine Kinder befindet und der über Jahre hinweg tiefe Wurzeln geschlagen hat, umpflanzt, dann ist dieses Nest allein die einzige Sicherheit, die deinen Kindern bleibt – bis der Baum es schafft, in dem neuen Boden Wurzeln zu schlagen und sicher zu stehen. Uns ist sehr schnell klargeworden, wie wichtig dieses Nest ist. Es ist der Zufluchtsort für dich und deine Kinder; der Ort, an dem unsere Seelen Trost und Ruhe finden.

Wie du weißt, haben wir unsere Wohnung in den ersten Monaten in Tel Aviv mit vielen anderen geteilt, und damit war sie für uns alles andere als unser Zufluchtsort. Wir haben die Kraft eines solchen Nestes unterschätzt und es nicht ausreichend geschützt. Aber ich glaube:

Einen Fehler zuzugeben ist bereits der erste Schritt zur Besserung.

So lernten wir, gesunde Grenzen innerhalb unseres Hauses zu setzen, noch während wir Mitbewohner hatten. Mir gefällt sehr, was Dr. Henry Cloud in seinem Buch *Boundaries* (dt.: *Nein sagen ohne Schuldgefühle)* schreibt:

> Grenzen definieren uns. Sie definieren, was ich bin und was ich nicht bin. Eine Grenze zeigt mir, wo ich aufhöre und wo ein anderer Mensch anfängt, und gibt mir eine Vorstellung vom Eigentum meines Lebens und den damit verbundenen Ansprüchen.

Unsere Kinder waren in den ersten Monaten in einer völlig fremden Welt sehr emotional und brauchten einen sicheren

Ort, um sich ausruhen zu können, ohne sich von anderen Augen beobachtet zu fühlen. Dafür musste ich bewusst Raum schaffen.

Das Abendessen wurde folglich zu unserer heiligen Familienzeit, und wir legten Zeiten fest, wann die Küche für uns freigehalten wurde und wann andere sie benutzen konnten.

Der Sabbat war für uns als Familie der Tag, an dem wir zusammen hinaus in die Natur fuhren, und ich musste einfach lernen, für niemand anderen als unsere Family Verantwortung zu übernehmen.

Diese Regeln brachten uns Ordnung und Freiheit, bevor wir als Familie endlich in unsere eigenen vier Wände zogen.

Wir verabredeten auch regelmäßige «Date Nights», Quality-Time-Abende, an denen wir unseren Kindern individuelle und ungeteilte Aufmerksamkeit schenkten. Jede Woche durften unsere Kinder entweder mit Papi oder Mami alleine ausgehen. Das konnte ein Abendessen in ihrem Lieblingsrestaurant sein, ein Feuer auf einem Hügel mit Marshmallows, ein Strandspaziergang oder einfach ein Spiel – immer ein Kind mit einem Elternteil. Das Ziel ist, sich auf das Herz des anderen einzustellen, dabei viel Spaß zu haben und bleibende Erinnerungen zu sammeln.

Dank dieser persönlichen Momente konnten wir wirklich am Herzschlag unseres Nachwuchses dranbleiben, und wir lernten ihre Sorgen kennen, die in der Hektik des Alltags unbemerkt und unbeachtet geblieben wären.

Einmal überraschte ich meinen Sohn, indem ich ihn an einem Wochentag um drei Uhr morgens auf so ein Date mitnahm. Wir brachten unsere Mitarbeiterin in den frühen Morgenstunden zum Flughafen, gefolgt von Pfannkuchen in seinem Lieblings-Frühstücks-Restaurant, das die ganze Woche über rund um die Uhr geöffnet ist. Dieses denkwürdige Date war nur noch schwer zu toppen!

Traditionen sind sehr wichtig für Familien. Sie erzählen unseren Kindern eine Geschichte davon, wer sie sind, und machen unsere Werte sichtbar. Ich wage zu behaupten, dass feste Traditionen die stärksten Wurzeln des Baumes einer Familie sind. Sie schaffen Stabilität, Sicherheit und den Nährboden für Kinder, um zu einem gesunden Ast heranzuwachsen.

Die Art und Weise, wie Israelis ihr Familienleben gestalten, ist wirklich inspirierend, und wir haben viel von den alten, bis heute praktizierten jüdischen Traditionen gelernt.

Ich finde es wunderbar, wie deutlich man hier in Israel am Freitagnachmittag spüren kann, wie alles zur Ruhe kommt, um den Sabbat einzuleiten. Der Verkehr lässt nach, die Lichter in den Geschäften gehen zum Sabbat aus, und die Straßen leeren sich, während die Menschen sich zum gemeinsamen Abendessen mit der Familie auf den Weg nach Hause machen.

Einen Tag lang lässt man ganz bewusst Ruhe einkehren, und während dieser vierundzwanzig Stunden redet man am besten nicht über die Arbeit.

Einmal trafen wir uns an einem Samstag mit Freunden, denen wir noch Geld schuldeten, zu einem Picknick im

Park, und als mein Mann seine Brieftasche zückte, um sie zu begleichen, sagte unser Freund: «Nicht heute. Wir machen am Sabbat keine Geschäfte.» – So gut!

Israelis lieben es, das Leben zu feiern, und setzen sich oft in einer Runde um den Tisch zusammen. Kinder sind immer dabei. Tatsächlich spielen Kinder eine riesige Rolle im Leben jüdischer Familien. Sie werden niemals als Last angesehen, als zu laut oder als ungehorsam. Sie sind willkommen und lernen die gesellschaftlichen und kulturellen Sitten, während sie gleichzeitig voll und ganz Kinder sein dürfen.

Ich habe in diesem Land immer wieder gesehen, dass da, wo unsere Prioritäten dem entsprechen, was uns im Leben am kostbarsten ist, Kinder dazu gestärkt werden, ein sinnvolles Leben zu führen. Und das spricht eine viel deutlichere Sprache, als ständige Belehrungen und Ermahnungen es tun.

Unser Freund fasste alle jüdischen Feste mit ein paar Worten zusammen: «Sie haben versucht, uns zu töten, Gott hat uns geholfen, wir haben gewonnen, lasst uns essen!»

Wir wurden an reich gedeckte Tische eingeladen, und sie nahmen uns bereitwillig mit offenen Armen auf und sorgten dafür, dass wir eine große Familie hatten, mit der wir bei diesen tief bedeutsamen jährlichen Anlässen das Leben feiern konnten.

Ich war und bin immer noch im Innersten berührt von der herzlichen Gastfreundschaft der Israelis. Wir fühlten uns nie ausgeschlossen oder unbeachtet, und eine andere Sache, die ich wirklich schätzte, war, dass ich immer wusste, ob ich mich «kulturell inkorrekt» verhalten hatte, wie ich es nenne. Die Leute hier nehmen kein Blatt vor den Mund, und wenn du gegen eine unausgesprochene oder ungeschriebene kulturelle Regel verstoßen hast, erfährst du es sofort.

In unserem ersten Jahr in Tel Aviv konnte ich mit den vielen Bräuchen, die mit den verschiedenen jüdischen Feiertagen verbunden sind, ehrlich gesagt nicht mithalten. Mit der Zeit lernten wir dazu und kreierten neue eigene Traditionen als Familie, um unsere christlichen Feste mit den hiesigen zu kombinieren.

Die endlosen E-Mails in Hebräisch, die von der Schule kamen, überforderten mich komplett. «Google Translate» war und ist bis heute einer meiner besten Freunde. Trotzdem habe ich viele Verpflichtungen verpasst. Tut mir leid, Kinder, aber ihr wolltet ja unbedingt in eine lokale Schule gehen!

An dieser Stelle bietet es sich an, zu erklären, wie wir unsere Kinder bei wichtigen Lebensentscheidungen mitreden lassen. Auch wenn es Entscheidungen gibt, die offensichtlich nur den Erwachsenen vorbehalten sind, und wir unseren Kindern das klar kommunizieren, gibt es Situationen, in denen unsere Söhne und unsere Tochter auch eine Stimme haben sollen.

Für uns bedeutete das, dass wir sie mit einbezogen, als wir uns die schwierige Frage stellten, wie es nach unserem Umzug von der Schweiz nach Israel mit ihrer Schulbildung weitergehen sollte. Ich erinnere mich, dass ich mit unseren beiden Jungs über unsere Überlegungen sprach, sie zunächst in die «International School» zu schicken und sie dann, je nachdem, wie lange unser Visum dauern würde, zu einer lokalen Schule wechseln zu lassen.

Leron sah mich mit dem gleichen reifen Blick an wie damals, als er gesagt hatte, er werde mit neun Jahren in Israel zur Schule gehen, und fragte:

«Wie redet man in Tel Aviv, Englisch oder Hebräisch?»

«Hebräisch», antwortete ich.

«Dann will ich auf Hebräisch lernen. Es macht keinen Sinn, auf Englisch zu lernen, wenn alle um mich herum eine andere Sprache sprechen. Weil ich dann außerhalb der Schule niemanden zum Spielen habe, der mich versteht.»

Wir führten beiden Kindern nachdrücklich vor Augen, dass es sehr schwierig werden würde – aber wenn wir das gemeinsam beschlossen, würden wir es auch gemeinsam durchziehen. Kinder können die Tragweite ihrer Entscheidungen nicht immer voll überblicken, aber wenn sie an wichtigen Entscheidungen beteiligt werden, stärkt das ihr Verantwortungsgefühl und ihr Selbstvertrauen.

Wir lassen sie so weit wie möglich an unserer Arbeit und den Beziehungen auf der Arbeit teilhaben, damit sie sich auch als Teil dieser erweiterten Familie fühlen. Sie kommen mit uns zu den Ausflügen mit unseren Mitarbeitern, zum Abendessen am Arbeitsplatz, packen im Atelier mit an, und das Beste daran ist: Es ist für alle heilsam. Unsere Leute lieben unsere Kinder, und für unsere Kinder ist es ganz natürlich, mit Menschen umzugehen, die nicht so gesegnet und behütet aufgewachsen sind wie sie selbst. Dadurch habe ich Tugenden wie Dankbarkeit, echte Fürsorge und Großzügigkeit in den Herzen unserer Kinder wachsen sehen.

Unser großer Umzug in ein fremdes Land zusammen mit unseren Kindern hat mich tatsächlich dazu gebracht, meine Identität als Mutter und auch unsere Identität als Familie ganz neu zu finden. Eine langjährige Freundin, die ebenfalls Mutter ist, drückte es so aus:

«Was mir bei unserem ersten Besuch in Israel sehr deutlich aufgefallen ist, war die Freiheit, die du jetzt als Mutter ausstrahlst. Du erziehst deine Kinder nicht für andere, du tust es ganz für sie. Du bist wild und frei, und deine Kinder sind es auch!»

Bei all den kulturellen Veränderungen und einzigartigen Herausforderungen, die in keinem Handbuch zu finden sind, kam ich mir als Mutter oft wie eine Außenseiterin vor. Ich habe eine Reihe hervorragender Bücher über Kindererziehung gelesen und viele dieser gesammelten Weisheiten in meine Erziehung eingebracht – aber jedes Kind ist einzigartig und ein Original, und eine Erziehungsmethode, die bei dem einen Sohn wunderbare Früchte trägt, kann bei dem anderen durchaus ein kompletter Fehlschlag sein.

Als ich einmal eine bestimmte Trainingstheorie für meine Jungs praktizierte, musste ich feststellen, dass ich damit einen der beiden mit seiner sprühenden Kreativität viel zu sehr einengte.

Bei Instagram stieß ich auf das Hashtag *#trainieren-stattzähmen*, und das entlockte mir einen Jubelschrei: «JA! Genau!» Ich wollte unsere Kinder nicht zähmen, sondern trainieren. Für mich war dieses Motto einfach eine andere Formulierung dafür, dass man seinen Kindern «Wurzeln und Flügel geben» soll.

Kürzlich schrieb mir mein Sohn in einem Brief etwas, das mir sehr ans Herz ging:

«Was ich an euch liebe, ist, dass ihr keine ängstlichen Eltern seid. Ihr lasst mich fast alles ausprobieren, selbst wenn es gefährlich ist.»

Ha, das trifft es ziemlich gut! Von unserer Leitfrage «Fühlst du dich sicher?» habe ich ja schon in einem früheren Kapitel gesprochen. Deshalb will ich hier nur an meine feste Überzeugung erinnern, dass wir in unseren Kindern Vertrauen aufbauen und ihnen Selbstvertrauen geben können, indem wir einen Nährboden schaffen, aus dem heraus sie die Frage «Fühlst du dich sicher?» nach ihrer eigenen Einschätzung beantworten können. Das hat sich bewährt. Viel besser, als wenn wir ihnen dauernd sagen, was sie dürfen und was nicht.

Außerdem bin ich zu dem Schluss gekommen, dass es für mich wichtig ist, in einer sehr engen Beziehung mit meinem und ihrem Schöpfer zu leben. Mit Gott und Seinem Geist.

Gott hat mich als Mutter für meine Söhne und meine Tochter ausgewählt, weil Er wusste, dass ich alles mitbringe, was es braucht, um ihnen Wurzeln und Flügel zu geben. Und genau wie meine Angestellten täglich Anweisungen bekommen, was zu tun ist, muss auch ich mir jeden Tag bei Gott Rat holen, wie ich mit unseren Kindern umgehen muss. Denn Er hat sie geschaffen.

Erziehung muss auf die einzigartige Lebenssituation und die individuellen Eigenschaften der Kinder zugeschnitten sein, und dafür brauche ich die Weisheit und Freundschaft des Heiligen Geistes.

Und das brauchen auch *die Kids!* So sehr ich mir auch wünsche, dass sie an das glauben, was für mich die Wahrheit ist: Sie müssen ihre eigene Offenbarung erleben und Gott selbst begegnen, um Seine Freundschaft zu erfahren. Ich kann ihnen nichts überstülpen. Sie müssen sich ja auch jeden Tag anziehen und ihren eigenen Stil finden und tragen, der sehr wahrscheinlich anders aussieht als meiner.

Kürzlich hatte ich eine Unterhaltung mit meinem vorpubertären Sohn und erklärte ihm, wie er mit dem Heiligen Geist reden und Ihn einladen kann, so wie man einen Freund einlädt. Ich sagte ihm, er solle sein Handy nehmen und sich vorstellen, dass er seinen besten Freund anruft: «Hallo, Heiliger Geist, wollen wir heute was zusammen machen?» Ich ermutigte ihn, das sehr bewusst zu tun und es laut auszusprechen.

Mein Gebet ist, dass er die Gegenwart und Weisheit des Heiligen Geistes spürbar wahrnimmt. Die Kids müssen spüren, dass sich da etwas verändert, sie müssen es selbst richtig wahrnehmen, damit es zu einer eigenen Erfahrung wird, auf der sie aufbauen können.

Ich habe ihnen auch beigebracht, unterschiedliche Stimmungen und Atmosphären wahrzunehmen, indem ich sie fragte, wie sie sich in verschiedenen Umgebungen fühlten, ob sie sich sicher fühlten oder auch mal unbehaglich. Ich bitte sie, mir ihr Bauchgefühl zu beschreiben, wenn sie in fremde Häuser oder Gegenden gehen, und das beim Namen zu nennen, was da vielleicht anders ist als bei uns zu Hause.

Sie haben gelernt, es wahrzunehmen, wenn etwas sie innerlich beunruhigt. Das gibt ihnen ein besseres Verständnis dafür, warum ich sie nicht mehr allein zu bestimmten Menschen und Orten gehen lasse.

Wie ich bereits gesagt habe, wünsche ich mir vor allem, die Herzen meiner Söhne und meiner Tochter zu erreichen – und dass zwischen uns Liebe fließt. Und deshalb verbringen wir viel Zeit zusammen. Wir nehmen das als Familie sehr ernst und achten sehr darauf, die Nutzung der Handys und elektronischen Spiele auf ein Minimum zu begrenzen. Unsere Kinder können sich Bildschirmzeit verdienen, indem sie lesen, und wir haben eine gemeinsame Bildschirmzeit, in der wir auf «Kahoot!», der spielebasierten Lernplattform, selbstgemachte Familienrätsel durchspielen oder gemeinsam durch Instagram scrollen.

Ein guter Freund hat uns einmal einen Artikel von Dr. Lalith Mendis geschickt, dem Gründer und Direktor des Empathischen Lernzentrums in Colombo. Seine medizinische Forschungsarbeit zeigt, dass du durch eine sogenannte «Bewusste Emotionale Qualitätszeit» zwischen 19 und 21 Uhr, in der du jeden Tag zwei Stunden ungestörter bildschirmfreier «face to face»-Familienzeit sicherstellst, ein x-Faches an Erholung und Regeneration an Körper und Seele bei deinen Kindern ernten wirst.

Da hast du es!

Dies ist nun eine tägliche Übung im Hause Oppliger, und ich habe die Veränderungen bereits gesehen: mehr Frieden, mehr Bindung, mehr Ausgeglichenheit und mehr Verbundenheit.

Jedes Elternteil will für seine Kinder und mit seinen Kindern das Beste. Der Druck ist viel zu hoch, wenn wir durchs Leben gehen und uns andauernd mit anderen vergleichen. Eine gute Freundin hat mich in einer Diskussion über Berufung darauf hingewiesen, dass Gott deinen Kindern für das, wozu du berufen bist, bereits Gnade geschenkt hat.

Daran habe ich mich seitdem festgehalten.

Wir müssen uns darauf konzentrieren, Gott zu lieben, uns selbst und unseren Ehepartner zu lieben und dann unsere Kinder zu lieben. Liebe ist die Grundlage aller Dinge. Wir können sie nicht aus uns selbst heraus produzieren. Aber wir können sie aus der größeren, niemals versiegenden Quelle schöpfen: aus Gott selbst, der in Seinem Sohn Jesus Christus selbst Mensch wurde und unsere Menschlichkeit in jeder Hinsicht auf sich nahm, um mit uns fühlen und uns jedes Mal helfen zu können, wenn wir durch die Prüfungen des Lebens gehen. Ich nehme die Liebe bewusst als Teil meines täglichen Morgenrituals in mich auf und trage sie den ganzen Tag bei mir. Jeden Tag neu.

Nichts geht über die Liebe.

Und nichts geht ohne die Liebe.

Ich mache immer noch viele Fehler. Bei mir geht noch eine Menge schief. Ich habe immer noch meine Zweifel, ob meine Kinder in einer Kultur, die nicht die gleichen Maßstäbe bei der Kindererziehung hat wie mein Mann und ich, gut zurechtkommen werden. Aber ich weiß eins: Ich liebe sie mit aller Kraft und von ganzem Herzen, und wenn ich etwas vergeige, dann stehe ich dazu und bin demütig und empfange die Vergebung meiner Kinder. Wir machen gemeinsame Sache.

Und hier sind wieder ein paar meiner Lieblingsrezepte! Das erste ist ein Salat mit braunem Reis, den ich oft zum Picknick draußen mache, denn es werden viele satt davon, und er ist voller gesunder Zutaten. Das zweite ist unsere wöchentliche Tradition, und es vergeht kein Sabbat ohne unsere sogenannte «Züpfe» (ein geflochtenes, beinahe ungesüßtes Hefegebäck mit Butter) auf dem Tisch! Und last but not least ein leckeres einfaches Dessert, das selbst diejenigen, die behaupten, Rhabarber nicht zu mögen, essen und lieben werden!

«Brauner Reis»-Salat

- 2 Tassen brauner Naturreis. Koche ihn, während du den Rest vorbereitest – füge beim Kochen kein Salz hinzu, das Dressing wird für den Geschmack sorgen.
- 1 Dose (425 ml) Mais.
- 1 große rote Paprika, gewürfelt.
- Eine Handvoll Rosinen, Preiselbeeren oder geschnittene Datteln.
- Eine Handvoll Cashewkerne, Erdnüsse oder geröstete Kerne – einfach etwas, das die Sache unwiderstehlich knusprig macht.
- 3 Frühlingszwiebeln oder Schalotten, fein gehackt.

Für das Dressing brauchst du:

- 4 Esslöffel Sojasoße.
- 2 Esslöffel Zitronensaft.
- 3 Esslöffel Sonnenblumenöl (verwende kein Olivenöl für diesen Salat, es ist zu dominant. Nimm ein neutrales Öl).

Das ist ungefähr das richtige Maß für diese drei Hauptzutaten – halte einfach diese Proportionen ein und bereite mehr zu, wenn du es brauchst.

Alle Zutaten mit dem gekochten Reis mischen und das Dressing hinzufügen, solange es noch warm ist.

«Züpfe» – oder: Schweizer Hefezopf

- 1 kg weißes Zopfmehl (in der Schweiz nehmen wir dieses spezielle Mehl dafür, und hier in Israel benutze ich das spezielle Challah-Mehl, um das beste Ergebnis zu erzielen. Es macht wirklich einen großen Unterschied!).
- 40–50 g Hefe – einen Würfel zerbröseln und ihn mit 1 TL Zucker und lauwarmem Wasser bedecken. Ein paar Minuten ziehen lassen, bis die Hefe sich auflöst und aufgeht.
- 125 g geschmolzene Butter.
- 500 ml lauwarmes Wasser.

Rühre die Hefe und die geschmolzene Butter (lass die Butter vorher etwas abkühlen) unter das Mehl und füge langsam das Wasser hinzu. Verwende nicht alles auf einmal. Deine Flüssigkeit variiert je nach Luftfeuchtigkeit, und du willst ja nicht, dass dein Brotteig zu klebrig ist. Knete den gesamten Teig mit aller Kraft für mindestens 13 Minuten. Ja, 13 Minuten. Ha! Am Ende muss es sich anfühlen wie ein wunderschöner weicher Babypopo. Nochmal haha!

Lass den Teig für über eine Stunde gehen und bedecke ihn entweder mit einem Deckel oder einem Küchentuch. Er muss sein Volumen verdoppeln.

Knete anschließend den gegangenen Teig und teile ihn in vier gleich große Portionen. Aus dieser Teigmenge ergeben sich zwei Zopfbrote. Du brauchst zwei Stränge, um eine Züpfe zu flechten. Rolle die Teile zu langen Würsten und überkreuze sie. Überschlage sie weiter, bis du das Ende erreicht hast. Da ist dein Zopf! Es braucht etwas Übung; am besten schaust du bei YouTube nach, wie man es genau «flechtet».

Die beiden Zopfbrote mit geschlagenem Eigelb bestreichen, weitere 10 Minuten gehen lassen und dann bei ca. 200 °C im vorgeheizten Backofen ca. 30 Minuten backen. Um sicherzugehen, dass es fertig ist, musst du ein hohles Geräusch hören, wenn du auf die Unterseite klopfst.

Rhabarberstreusel

Ich kann mich nicht erinnern, wie viel Rhabarber ich genau verwende! Nimm einfach einen Haufen Rhabarberstäbe, wasche sie, schneide sie in ca. 3 cm lange Stückchen und lege sie in deine bevorzugte Auflaufform.

1 Vanilleschote aufschneiden und das Innere über den zubereiteten Rhabarber streuen.

(Wenn du keine Vanilleschote im Haus hast, nimm einfach etwas natürlichen Vanillezucker.)

Streu großzügig braunen Zucker über den Rhabarber.

Für die Streusel verwende ich die gleiche Menge Butter, Mehl und Zucker. Wenn es also 100 g sind, sind es für alle Zutaten 100 g.

Die Streusel zerkleinern und darauf verteilen.

Bei 200 °C ca. 40 Minuten backen. Serviere es heiß mit deinem Lieblings-Vanilleeis.

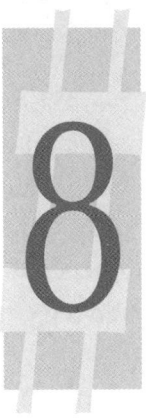

#komplizen

Mit deinem Mann nicht nur die Liebe zu teilen, sondern das *ganze* Leben inklusive der Arbeit, ja, das ist schon eine ziemliche Herausforderung. Du musst gut in der Lage sein, außerhalb der eingefahrenen Bahnen zu denken.

Wir erlebten reibungslose erste sechzehn Jahre, in denen wir unbeschwert durch die Ehe segelten. Die Herausforderungen begannen, als wir nach Israel zogen. Unser Fundament wurde bis in die Tiefen erschüttert, und unsere Beziehung wurde im Feuer geprüft.

Ich denke, die größte Schwierigkeit war, dass wir niemals für eine so lange Zeit außerhalb unserer Komfortzone gelebt hatten. Als wir in ein anderes Land zogen und uns als ganze Familie dem Engagement für soziale Gerechtigkeit verschrieben, kam erst richtig zum Vorschein, aus was für einem Holz wir geschnitzt sind.

Aber lass mich vorne anfangen. Erinnerst du dich an die

Geschichte von dem Stofftier, das ich von einem Jungen geschenkt bekam, der später mein Mann werden würde; eine Geschichte, deren Einzelheiten ich mir für ein anderes Kapitel aufheben wollte? Nun, ich denke, die Zeit ist gekommen, dir diese Geschichte zu erzählen.

Mein Mann Matthias und ich wuchsen beide als Missionarskinder in Papua-Neuguinea auf. Wie du bereits weißt, sind wir am gleichen Tag geboren, am 2. Oktober, aber uns trennen vier Jahre.

Wir lebten nicht in derselben Stadt, aber unsere Eltern, die für das gleiche Missionswerk arbeiteten, kannten sich von jährlichen Treffen. Das Missionswerk war wie eine große Familie, und als unser Haus abbrannte und dazu aufgerufen wurde, uns mit Kleidung, Spielsachen und allem, was uns das Leben leichter machen konnte, zu unterstützen, waren sofort alle dabei! Kinder und Erwachsene gleichermaßen.

Eines dieser Kinder war Matthias Oppliger, der sein kleines trommelndes rosa Kaninchen spendete, und ich war der Glückspilz unter uns sechs Geschwistern, der es bekam! Ich war vier Jahre alt und kann mich noch immer daran erinnern, wie ich das unaufhörlich trommelnde Kaninchen in meinen Händen hielt.

Wir hatten ja keine Ahnung! ...

Einige Jahre später wurden meine Eltern als Leiter des Missionsinternats mit etwa fünfundzwanzig Jugendlichen eingesetzt. Das war der Zeitpunkt, an dem sich meine Wege wieder mit denen von Matthias Oppliger kreuzten – diesmal für etwas längere Zeit. Ich war in der vierten Klasse, er in der achten. Er war wie ein großer Bruder – mal war er cool, mal ging er mir auf die Nerven! Außerdem war er ein Angeber und ich ein Wildfang. Tolle Kombination. Haha!

Matt ging irgendwann mit seiner Familie in die Schweiz und besuchte das Internat dann noch einmal, als ich zwölf Jahre alt war. Ich verknallte mich total in diesen gutaussehenden, reiseerfahrenen Kerl, der eine Lederjacke trug und einen legendären SONY Walkman besaß! (Falls du zur Generation Y gehörst und dies liest: Ein Walkman war ein kleines Abspielgerät für Musikkassetten, lange bevor es iPods und Smartphones gab, um deine Lieblings-Playlist in Dauerschleife zu spielen! Schau bei Google nach.)

Meine Schwärmerei für den umwerfend aussehenden Matt dauerte so lange an wie sein Besuch. Erst als ich fünf Jahre später in die Schweiz zog, wurde sie wieder entfacht.

Missionskinder sind interessante Artgenossen. Im Englischen nennt man uns «Third Culture Kids». Wir tragen den Kulturschock von drei verschiedenen Kulturen in unseren Knochen: Die Kultur unserer Eltern, die Kultur, in der wir aufgewachsen sind, und die Kultur, in die wir zurückkehren. So sehe ich es jedenfalls. Wir fühlen uns natürlicherweise durch das angezogen, was uns bekannt vorkommt und uns an unsere maßgeblichen Entwicklungsjahre erinnert.

Als ich nun in die Schweiz zog, zogen mich andere Missionskinder magisch an und gaben mir das Gefühl, zu Hause zu sein. Dieses Gefühl schwindet mit den Jahren, aber es gibt bei mir auch heute noch eine unsichtbare Verbindung zu anderen «Papua-Neuguinesen».

Jedenfalls gab es eine Menge Treffen, an denen wir beide teilnahmen, und schließlich verliebten sich Matt und Tabea, was eine besondere Geschichte ist. Wir waren ja wie Geschwister, und als mir klarwurde, dass da von meiner Seite aus noch mehr war, schob ich den Gedanken erst einmal weg, damit es zwischen uns nicht plötzlich peinlich wurde.

Matt seinerseits brauchte noch ein paar Monate, um sich einzugestehen, dass er sich in mich verliebt hatte, nachdem er einen verrückten Traum gehabt hatte, in dem ich auf einem Laufsteg für ihn posierte! Eine Lachnummer für alle, die mich kennen!

Da meine Eltern konservative Ansichten über Dating und ernste Beziehungen vor dem Alter von achtzehn Jahren hatten, dauerte es ein weiteres Jahr disziplinierten Gehorsams, bevor wir einen Schritt weiter gingen und dann auch direkt Ehepläne schmiedeten.

Im Nachhinein glaube ich, dass wir aufgrund des Umstands, dass wir die Haltung meiner Eltern respektierten und ihnen gehorsam waren, ein unglaublich starkes Fundament gewonnen haben, auf dem unsere Ehe aufbaut. Matt und ich wussten, dass es eigentlich Gott war, dem wir gehorchten, indem wir aufeinander warteten. Er sagt in Seinem Wort: «Ehre deinen Vater und deine Mutter, damit du lange im Land leben wirst, das der Herr, dein Gott, dir gibt.»

Gehorsam ist Gottes Liebessprache, und dass Er Seine Hände über unserer Beziehung hält, ist ein reicher Lohn.

Letzthin habe ich einen Post von Kimberly Jones-Pothier auf Instagram gelesen:

«Hör auf zu sagen, die Ehe sei nur ein Stück Papier. Geld ist auch nur Papier, aber du stehst jeden Tag auf und arbeitest hart dafür. Also arbeite hart für deine Beziehung und deine Ehe.»

Oder wie John und Lisa Bevere es in ihrem Buch *Entfalte deine Ehe* sagen:

«Wir haben festgestellt, dass ein gottgefälliger Charakter in den meisten Fällen nicht aus dem Meer der Wonne geschöpft wird; er wird im Schmelzofen des Ehefeuers geschmiedet.»

Genau! Manche Dinge sind leicht zu erreichen. Eine gesunde, blühende, feurige Ehe gehört nicht dazu. Sie erfordert viel Mühe, besonders wenn die Grenzen zwischen Arbeit und Beziehung verschwimmen. Und wenn die Arbeit nicht nur ein Job ist, sondern eine leidenschaftliche Mission, wird die Frage, wie man das Leben als Ehemann/Ehefrau, Vater/Mutter, Freund/Freundin gestaltet, ganz besonders kompliziert.

Ich denke, das Beste am gemeinsamen Arbeiten ist, dass man sieht, wie der Partner aufblüht und seine Gaben rund um die Uhr auslebt. Und dass man erleben kann, wie sich die unterschiedlichen Gaben gegenseitig ergänzen. Außerdem gewinnst du ein umfassendes Verständnis dafür, wer die andere Person ist und was ihre Aufgabe ihr abverlangt, denn du bist Zeuge aller Herausforderungen, innerhalb und außerhalb des Arbeitsumfeldes. Ein Blickwechsel mit deinem Mann genügt, wenn das Chaos ausbricht, und ihr wisst beide Bescheid.

Aber dieses gegenseitige Verständnis in praktische Handlungen der Liebe umzusetzen, ist gar nicht so einfach. Dass dein Ehepartner dich versteht, heißt noch lange nicht, dass er oder sie so reagiert, wie du es erwartest.

Als mein Mann und ich anfingen mit unserer Zusammenarbeit, mussten wir klar definieren, wann der Arbeitsmodus ausgeschaltet werden sollte. Matt ist der Typ, der regelrecht aufzuleben scheint, wenn er sich ein neues Produkt oder eine Möglichkeit ausdenkt, einen neuen Firmenkunden an Land zu ziehen, während ich einfach nur meine Ruhe brauche! Ich will ihn nicht die ganze Zeit von der Arbeit reden hören, wenn er abends nach Hause kommt, ganz egal, wie visionär er ist und wie erfolgversprechend die Idee sein mag.

Wenn wir abends oder am Sabbat mit den Kindern zusammen sind, dann will ich seine ungeteilte Aufmerksamkeit für die Familie. **Präsent zu sein ist das größte Geschenk, das man sich gegenseitig machen kann, und daran arbeiten wir.**

Herauszufinden und zu verstehen, wie der andere sich am besten entspannt, wenn man sich in einer völlig neuen Lebenssituation befindet, ist wirklich ein Prozess, und man kann seine eigenen Bedürfnisse nie klar genug kommunizieren.

Im August 2018 feierten wir unseren zwanzigsten Hochzeitstag. Nach vier Jahren in Tel Aviv war es unser Plan, eine einmonatige Auszeit zu nehmen. Ich träumte davon, auf eine tropische Insel zu fahren, den ganzen Tag zu kitesurfen und einfach mal für eine kurze Zeit zu vergessen, dass wir ein Sozialunternehmen in Tel Aviv unter unseren Fittichen haben.

Sehr gute Freunde von uns ermöglichten uns, den gesamten August in einer traditionellen, mit Palmwedeln bedeckten Lodge am unberührten weißen Sandstrand von Jambiani auf Sansibar zu verbringen.

Ich bat Matt, die Arbeit für die ersten zwei Wochen zu vergessen, in der dritten Woche könne er nach dem Rechten sehen und E-Mails beantworten. Und für die letzte Woche wünschte ich mir, dass wir uns nochmals ganz ungeteilt den Kindern widmeten – so dass wir völlig erfrischt und wieder hundertprozentig bereit waren für den herausfordernden Alltag.

Klingt ziemlich einfach und machbar, nicht wahr?

Nun, das war es eben nicht! …

Genau um unseren Hochzeitstag herum, ungefähr eine Woche nach Beginn unserer Auszeit, bekamen wir eine Textnachricht von unseren Mitarbeitern, die Matt dringend um seine Mithilfe bei der Lösung eines Problems baten.

Ich war irgendwie am Boden zerstört, aber das war nichts im Vergleich zu dem, was Matt in den nächsten Tagen mitmachen musste. Er hatte schlaflose Nächte und musste mit dem Gefühl fertigwerden, weder der Firma noch seiner Frau noch den Kindern gerecht werden zu können.

Statt ihm mit Weite und Verständnis zu begegnen und auf diesem Weg meinen Beitrag zu leisten, um ihn zu entlasten, machte ich das Ganze noch schlimmer, indem ich mit Wut, Frustration und Vorwürfen reagierte.

Wo war das Versprechen geblieben, das ich ihm gerade am Vortag noch gegeben hatte, als ich ihn mit einer besonderen Zeremonie auf einem Bootssteg überrascht und vor unseren Kindern und zwei lieben Freunden mein Eheversprechen erneuert hatte? Folgendes hatte ich niedergeschrieben:

Matt, mein starker, wunderbarer Mann seit zwanzig Jahren,

kannst Du es glauben? Wer hätte damals, am 8. August 1998, in der historischen Kirche von Amsoldingen in der Schweiz gedacht, dass ein blutjunges, bis über beide Ohren verliebtes Paar, das kaum wusste, was es tat, mit drei prachtvollen Kindern und verliebter denn je seinen zwanzigsten Hochzeitstag auf der Insel Sansibar feiern würde?!

Aber hier sind wir nun.

Heute, am 8. August 2018, möchte ich in Anwesenheit unserer drei kostbaren Kinder und liebsten Schätze, Leron, Ruven und Liora, und unserer lieben Freunde Christa und Flavio, mein Eheversprechen erneuern.

Wir haben einander Liebe durch gute und schlechte Zeiten

versprochen und sie unter Beweis gestellt, obwohl sie erst in den letzten vier Jahren unserer Ehe so richtig auf die Probe gestellt wurde. Mit den schwierigen Umständen, die uns in Israel umgeben, einer neuen Kultur, einer neuen Sprache und dem Teilen unseres Hauses mit unzähligen anderen, die wir in unseren engsten Kreis einluden, ging unsere Liebe durch reines Feuer, das unsere Ausdauer, Integrität, Loyalität, unser Engagement, unsere Ehrerbietung und unseren Respekt füreinander prüfte.

Ich fühlte mich nicht immer geschützt, was mich mehr als einmal dazu veranlasste, dich zu entehren. Mit Deiner großzügigen, auf Harmonie bedachten Art konntest Du nicht anders, als JEDEN zu schützen. Und dafür liebe ich dich. Es tut mir leid, dass ich es nicht immer gesehen oder gefühlt habe.

Ich liebe Deinen starken, mutigen Beschützerinstinkt, und ich entschuldige mich, wo ich Dir nicht erlaubt habe, ihn auszuleben, da ich zu schnell eingeschritten bin. Ich verspreche Dir, Dir mehr Raum zu geben, um sowohl in unserer Ehe als auch bei unseren Kindern die Führung zu übernehmen. Ich vertraue darauf, dass Du weißt, was richtig ist, auch wenn ich es anders machen würde. Ich möchte Dich mehr als das Haupt unserer Familie respektieren und dafür sorgen, dass Du diese Krone trägst.

Du bist ein wunderbarer Liebhaber und bester Freund. Und wie furchtbar ich mich auch benehme, Du liebst mich immer noch. Die Art und Weise, wie Du auf die tiefsten Wünsche meines Herzens hörst und versuchst, alles Dir Mögliche zu tun, um sie zu erfüllen, gibt mir das Gefühl, geehrt und geschätzt zu sein.

Du hast mir immer selbstlos die Freiheit gelassen, das zu verfolgen, was ich gerne tue, indem Du die Kinder über- nommen hast und die Verantwortung, die damit einher- geht. Du hast sie nicht nur erzogen, sondern vom ersten Tag an für ihre Bedürfnisse gesorgt. Es ist kein Tag vergan- gen, an dem Du mir und unserer Familie nicht aufopfe- rungsvoll gedient hast.

Ich glaube so sehr an Dich. Ich sehe, was niemand sonst sieht, und all die Opfer, die Du bringst, und die Erniedrigung, die Du manchmal ertragen musst, und doch bleibst Du treu und loyal und demütig.

Ich weiß, der Himmelt hält tiefe Geheimnisse für Dich be- reit, damit Du sie ergründest, und ich feuere Dich an, ihnen nachzugehen.

Ich kenne auch Deine geheime Sehnsucht nach einer Har- ley-Davidson, und ich weiß, Gott kennt sie auch. Glaub mir, ich wäre die Erste, die Dir Deinen maßgeschneiderten Traum kaufen würde, wenn ich könnte.

In der Zwischenzeit lass uns mehr küssen, mehr kuscheln und mehr lachen!

Ich LIEBE Dich! Für immer und ewig, und das Beste kommt wahrlich erst noch!

Das waren große Worte. Und sie waren natürlich bedeu- tungslos, wenn ich sie nicht auch in die Tat umsetzen würde.

Ich hatte die Wahl: die Versprechen bloße Worte auf dem Papier sein zu lassen – oder «sie zu leben». Ich entschied mich dazu, das zu leben, was ich am Tag zuvor so feierlich versprochen hatte. Nicht allein, sondern mit der Hilfe des Heiligen Geistes. Allein konnte ich das ja unmöglich schaffen.

Es kostete mich alles, eine positive Einstellung zu zeigen und mit der Enttäuschung umzugehen, dass mein tiefster Wunsch nach total relaxten Ferien unerfüllt blieb.

Habe ich es immer geschafft, mein Wort zu halten? Nein, ich bin nicht nur einmal daran gescheitert. Und Matt genauso. Aber dann haben wir unsere Gefühle geäußert, über unsere Bedürfnisse gesprochen und es das nächste Mal besser gemacht. Dank unserer Auszeit hatten wir auch den Kopf frei, um über mögliche Lösungen zu sprechen, die uns durch die Krise führen konnten, wenn unser Betrieb gerade eine schwere Zeit durchlebte.

Aufgrund der Tatsache, dass wir hier in unserer Arbeit oft am Ende unserer Nerven sind, bringt Israel wirklich unsere hässlichsten Seiten zum Vorschein. Immer wieder kommt es vor, dass wir uns im Beisein der Kinder gegenseitig Vorwürfe machen wegen falscher Verhaltensweisen, was zwar den Authentizitäts-Grad in unserer Familie steigert, aber bestimmt nicht den Respekt der Kinder uns gegenüber.

Ich lerne noch immer, Matt nicht gleich zu widersprechen, wenn ich nicht seiner Meinung bin, sondern mich zurückzuhalten und später mit ihm allein darüber zu reden, wie ich die Dinge sehe.

Eines ist jedenfalls ganz klar: Deine Kinder dürfen niemals zwischen dich und deinen Ehepartner geraten.

Ich weiß nicht, ob wir ohne ein aktives gemeinsames Gebetsleben noch immer im Geist und im Herzen so verbunden wären. Aber das ist es, was lautes gemeinsames Beten bewirken kann.

Wenn man denkt, man hätte sich gegenseitig nichts mehr zu sagen, oder nicht mehr die Worte findet, um auszudrücken, was man wirklich empfindet, und sich in der Folge komplett missverstanden fühlt – dann hilft es sehr, laut mit dem Ehepartner zu beten.

Es tut so gut, meinen Mann zu Gott reden zu hören. Einem Gott, der sich immer um uns kümmert, der uns immer versteht, der immer weiß, was los ist, und sich immer gerne einbeziehen lässt. Wenn wir uns beide emotional verwundbar machen im Gebet, dann erlaubt uns das, mit der Seele des anderen wieder in Kontakt zu kommen.

Gemeinsames Gebet als Ehepaar ist so kraftvoll, dass wir es jeden Tag praktizieren. Eine Gallup-Umfrage ergab, dass Paare, die täglich zusammen beteten, eine außergewöhnlich niedrige Scheidungsrate von nur 0,087 Prozent hatten! – Worauf warten wir da noch?

Matt und ich sind zwei Individuen mit der gemeinsamen Vision, die Welt zu einem besseren Ort zu machen. Aber wir haben auch unsere ganz eigenen Träume und Wünsche. Wenn uns die Anforderungen der Dinge, die wir gemeinsam aufbauen, in tiefe Wirbel und Strudel geraten lassen, verlieren wir manchmal unsere Einzigartigkeit. Aber genau *die* ist wichtig, damit wir eine bessere Einheit sind.

Ich ermuntere Matt regelmäßig, eine Runde mit seinem Motorrad zu drehen, um abzuschalten, während ich laufen gehe oder das «Stand Up Paddleboard» hole, um ein bisschen zu paddeln oder zu surfen.

Das Größte, was wir uns gegenseitig gegeben haben, ist Freiraum und Vertrauen. Das haben wir immer gut umgesetzt.

Schon zu Beginn unserer Ehe bin ich jährlich mit meinen Freundinnen in Urlaub gefahren, und Matt machte Ausflüge mit seinen Jungs. Selbst als wir Kinder hatten, haben wir das noch immer gemacht. Wir sind auch jedes Jahr als Paar gemeinsam weggefahren und haben die Kinder bei ihren Großeltern gelassen. Das ist sehr gesund und schafft immer viel Verbundenheit zwischen uns.

Wir arbeiten daran, unsere Date-Vormittage so zu gestalten, dass mehr dabei herauskommt als nur ein Frühstück in unserem Lieblingscafé. Nicht, dass ich nicht gern mit meinem Mann essen gehen würde, aber es verleitet auch leicht dazu, über die Arbeit und unsere Vision zu sprechen.

Eine gute Freundin, die gemeinsam mit ihrem Mann im vollzeitlichen Dienst ist, gab mir einen sehr guten Ratschlag:

«Ihr müsst etwas finden, was ihr aktiv zusammen MACHT. Etwas Entspannendes. Nehmt zusammen Surfunterricht.

Besucht einen Kochkurs. Spielt ein Brettspiel. Stellt zusammen Möbel um. Macht etwas, das euch komplett von der Arbeit ablenkt, damit ihr gezwungen seid, euch in dieser Zeit nur auf euch beide zu konzentrieren.»

Das erinnerte mich an die Zeit, in der wir als junges Paar zusammen ausgingen. Wir spielten Squash und Badminton, genossen einen Einkaufsbummel, machten zusammen Musik usw. Und im Moment denke ich darüber nach, wie das heute aussehen könnte. Und wenn dieses Buch veröffentlicht wird, dann machen Matt und ich hoffentlich zusammen Sushi oder trainieren für einen Marathon!

Ich dachte, dieses Kapitel wäre nicht vollständig, wenn ich nicht die Stimme meines lieben Mannes hinzufüge. Bei einem Strandspaziergang stellte ich Matt ein paar Fragen über uns:

Was liebst du am meisten an mir?

Dein großes Herz und deine Fähigkeit, dich wirklich um Menschen zu kümmern! Ich habe gesehen, wie du so viel für andere geopfert hast, besonders für diejenigen, die nichts zurückgeben können. Deine Großzügigkeit schockiert mich manchmal fast – auf eine gute Weise!

Was war die drastischste Veränderung in unserer Beziehung?

Kinder zu bekommen war die erste große Veränderung in unserer Ehe, und gleich danach kommt der Umzug nach Israel. Manchmal wünschte ich mir, dass wir zu den unbeschwerten Tagen zurückkehren könnten, als ich noch als Kriminalbeamter arbeitete und mit Freunden auf der ganzen Welt windsurfen ging!

Ich weiß nicht, was es mit Tel Aviv auf sich hat, aber hier zu leben hat uns um eine Intensität bereichert, die über das gemeinsame Leiten eines anspruchsvollen Sozialunternehmens hinausgeht. Es ist emotional manchmal so anstrengend, dass ich ab und zu einfach zurückkehren möchte zu der Zeit, in der wir keine so gewichtige Verantwortung hatten. Es hat aber meine Liebe und meinen Respekt für dich vertieft. Denn ich sehe, wie du die Probleme direkt angehst!

Ich weiß nicht, wie du das alles machst: Du bringst die Kinder zur Schule, kommst dann für ein paar Stunden zur Arbeit, fährst nach Hause zu den Kindern, arbeitest von zu Hause aus, schreibst dieses Buch, und du schaffst es immer, voll und ganz präsent zu sein, wo du gerade bist – und das alles in einer fremden Sprache! Ich wusste immer, dass du für mehr geschaffen bist als das Leben, das wir in Uster in der Schweiz geführt haben, aber ich hatte keine Ahnung, dass so etwas wie das hier in dir steckt! Ich habe dich über dich selbst hinauswachsen sehen in einem Maße, das ich kaum beschreiben kann.

Wie würdest du mich als Geschäftspartnerin beschreiben?

Ich erinnere mich, wie einmal ein Mann, der uns damals nicht wirklich gut kannte, uns zu Hause besuchte. Er sagte: «Das weißt du wahrscheinlich schon, aber ich wollte dich nur daran erinnern, dass Tabea die perfekte Partnerin für dich ist!» Ehrlich gesagt, so richtig kapiert habe ich das erst, als wir anfingen zusammenzuarbeiten. Du hast eine Fähigkeit, meine Frustration in Verständnis für unsere Mitarbeiter umzuwandeln, und deine Intuition und Urteilskraft haben uns immer wieder gerettet. Ohne deine ständige Aufmerksamkeit und ohne dein aktives Drängen, regelmäßig eine Auszeit zu nehmen, wäre ich vielleicht mehrmals ausgebrannt.

Was sind deine Gedanken zum Thema «Als Ehepaar gemeinsam leben, lieben und arbeiten»?

Die meisten Weltklasse-Sportler, Führungskräfte und andere Leute, die Hochleistungen erbringen, bauen bewusst ein kleines Team von professionellen Experten auf, um ihre Gesundheit und Leistungsfähigkeit zu schützen, zu erhalten und aufzubauen. Jeder Mensch hat eine körperliche, emotionale, geistige und spirituelle Grenze. Nur wenige Leute können sich persönliche Betreuer, Ärzte, Berater, Coaches, Assistenten, Fahrer und so weiter leisten.

Fakt ist: Auch wir brauchen Schutz und Ermutigung. Unser Versorgungsteam ist nicht so groß wie die Crew des Herrn Präsidenten. Wir haben großartige Unternehmensberater, die uns bei der Gründung unseres Sozialunternehmens un-

*terstützen, vertrauenswürdige Freunde, die uns gut in Ehe-
und Familienangelegenheiten coachen, erfahrene Führungskräfte, die Best-Practice-Geheimnisse mit uns teilen, um uns
zu helfen, unsere Führungskompetenz insgesamt zu verbessern. Und wir bezahlen Anwälte für Rechtsbeistand. Wir haben auch drei wunderbare Kinder, die wir nicht täuschen
können und die uns unverblümt und klar sagen, wenn wir
das, was wir predigen, nicht praktizieren. Autsch.*

*Am Ende des Tages sind WIR als Ehepartner für das Wohl-
befinden des anderen verantwortlich. Es geht darum, uns gegenseitig zu ermutigen, das zu tun, was wir tun sollten. Egal,
ob mich ein bezahlter persönlicher Coach zur Verantwortung
zieht oder ob es meine Frau ist: Jemand muss diese Person
sein. Ich denke, ich kann mich glücklich schätzen, mit einer
Weltveränderin verheiratet zu sein, die dafür sorgt, dass ich
produktiv bleibe und mich immer weiterentwickle – und die
mich liebt!*

**Amen! Wenn wir uns gegenseitig und unsere Ehe so schüt-
zen, gibt uns das die Kraft, das Leben gut zu meistern.
Danke, Schatz, dass du dieses Kapitel mit deinen Einsich-
ten bereichert hast!**

Ich möchte mit dem abschließen, was ein weiser älterer
Mann einmal zu uns sagte, Jahre bevor wir nach Tel Aviv zogen. Er beschrieb einen Bulldozer, der dazu da ist, Land und
Wege für Bauzwecke zu räumen. Matt und ich waren in diesem Bild so ein Bulldozer, wobei jeder von uns eine Ketten-

spur auf jeweils einer Seite des Fahrzeugs darstellt, so dass es kräftig vorwärtsgeht, wenn beide sich synchron bewegen.

Unsere Ehe und den Zweck unseres Lebens verglich unser Freund im Geist mit der Funktion dieses Bulldozers: Wege freizuräumen, auf denen andere laufen können; große Hindernisse aus dem Weg zu schaffen, damit andere leichter etwas aufbauen können; und selbst rauen Untergrund zu einem Boden zu machen, auf dem andere bequem und ungehindert gehen können.

Der Punkt war, dass wir uns ständig gemeinsam und synchron drehen müssen, um voranzukommen. Irgendwann in unserer gemeinsamen Zukunft, sagte er, würden wir auf diese Weise anderen einen Weg bahnen.

Dieses Bild kommt uns immer wieder in den Sinn, und über die Jahre haben wir uns, wann immer wir den Eindruck hatten, wir laufen nicht mehr synchron und im gleichen Takt, neu daran ausrichten können.

Hier sind wir nun. Manchmal dreht einer von uns sich schneller als der andere, aber niemals so schnell, dass der andere nicht hinterherkommt. Ich liebe es, wie Gott dafür sorgt, dass wir niemals gleichzeitig durch ein tiefes Tal gehen. Wann immer es dem einen schlecht geht, ist der andere obenauf und behält eine klare Sicht auf die Dinge – und umgekehrt.

Ja, die Ehe ist keine ruhige Segelfahrt. Aber wie ich mich kenne, wäre es mir auf einem sanft schaukelnden Schiff sowieso viel zu langweilig!

#mehralseinetasche

Ich möchte dir einen weiteren kleinen Einblick geben in die hebräische Sprache und in die Tiefe der Bedeutungszusammenhänge zwischen einer Wurzel aus drei Buchstaben und anderen Wörtern, die daraus gebildet werden. Im Hebräischen stammt das Wort Mitgefühl (rachamim – רחמים) von dem Wort Gebärmutter (rechem – רחם) ab, dem wohl mütterlichsten Organ im menschlichen Körper, in dem – meiner Meinung nach – die stärkste Verbindung zwischen zwei Menschen stattfindet. Mitgefühl heißt für mich symbolisch, jemanden im Schoß zu tragen, bis er fertig ist und bereit, dasselbe für andere zu tun. Und ich bin überzeugt davon, dass mitfühlende Menschen im hebräischen Sinne der Schlüssel zu einer wiederhergestellten Welt sind.

Leidenschaft ist ebenfalls nützlich für das hartnäckige Streben nach Freiheit für alle. Aber es erfordert Mitgefühl aus dem tiefen Inneren, der Gebärmutter, um den verheerenden Kreislauf des Menschenhandels zu erkennen und zu durchbrechen. Ein Gefühl, das du so stark in dir trägst, dass du es einfach nicht abtreiben kannst.

Das Problem ist so riesig und so komplex, dass man ihm oft mit einem Gefühl der Ohnmacht gegenübersteht. Unzählige gemeinnützige Werke und offizielle Einsatzgruppen leisten hervorragende Arbeit bei der Prävention und Befreiung. Es gibt auch zahlreiche gut organisierte Unterkünfte, in denen Überlebende und Opfer des Menschenhandels sicher sind. Aber es gibt nur sehr wenige Arbeitgeber, die Arbeitsplätze bieten für diese großartigen, intelligenten, aber auch stark traumatisierten Menschen.

Genau deshalb wurde unsere Firma «A.I.R. Ltd.» (Act. Inspire. Restore.) ins Leben gerufen. Sie dient einzig und allein dem Zweck, ein sicheres Umfeld zu schaffen und eine zweite Chance zu bieten für ehemals ausgebeutete Menschen aus der Sexindustrie und darüber hinaus. Wir existieren, um diesen kostbaren Menschen eine neue Bestimmung zu geben. Und etwas, das sie nie hatten:

Die Freiheit, eine Wahl zu treffen – nicht zwischen *Schlecht* und *Schlechter*. Sondern zwischen *Gut* und *Noch besser*.

Du musst verstehen, dass unsere Leute und alle, die in Ausbeutung gefangen sind, nie wirklich eine Wahl hatten. Nie. Jedenfalls nicht so, wie ich die Wahl habe.

Wenn du einem – im eigentlichen Wortsinn – verhungernden Menschen ein Stück schimmliges Brot oder ein

Stück verfaultes Fleisch anbietest, was wird er dann wählen? Hat er wirklich eine Wahl? Wofür würdest du dich entscheiden? Für nichts. Weil du noch nie hungrig warst. Wirklich hungrig.

Welche realistischen Möglichkeiten haben diese Leute? Die Geschichten unserer Mitarbeiterinnen und Mitarbeiter sind niederschmetternd, und ich werde sie hier nicht erzählen. Wir werden oft danach gefragt, wie sie früher gelebt haben, aber das wäre ihnen gegenüber nicht fair. Oft werden sie auf ihre Vergangenheit reduziert und dadurch neu verurteilt.

Unser Blick auf die anderen Menschen verändert sich, wenn wir ihre ganze Geschichte kennen. Einerseits hilft es dir, bestimmte Verhaltensweisen zu verstehen, andererseits stülpst du ihnen gleichzeitig ein unsichtbares Stigma über. Nicht einmal ich kenne alle Details und Geschichten der Menschen, die wir beschäftigen. Nicht, weil sie mich nicht interessieren. Im Gegenteil! Der Hauptgrund ist, dass ich ihnen helfen will, sich auf ihre Zukunft zu konzentrieren.

Wenn sie zu «KitePride» kommen, möchte ich, dass sie sich gleichberechtigt fühlen. Bisher waren sie nur für die Dinge und die Tragödien bekannt, die sie überlebt haben. Aber ich will die Wunden, die gerade dabei sind, sich zu schließen, nicht immer wieder neu aufreißen.

Ich habe die Erfahrung gemacht, dass es viel mehr bringt, das lebendig werden zu lassen, was aus ihnen werden kann, anstatt sie in ihrer Vergangenheit wühlen zu lassen. Bei Kite-

Pride geht es darum, ihnen den Blick dafür zu öffnen, wo sie hingehen können – und nicht dafür, wo sie herkommen.

Denk mal darüber nach. Wann öffnest du dich und erzählst jemandem, durch welche Hölle du gegangen bist? Normalerweise tust du das nicht, bevor du dieser Person aufgrund der Tiefe und Qualität der Beziehung, die ihr miteinander aufgebaut habt, völlig vertraust. Würdest du dir nicht wünschen, dass sie dich sieht, wie du heute bist, bevor sie deine ganze Vergangenheit hört? Du willst nicht, dass deine Gegenwart oder deine Zukunft durch deine alte Geschichte bestimmt wird. Du willst deine Zukunft neu schreiben und dich auf das Neue konzentrieren.

Deine Zukunft braucht dich.

Deine Vergangenheit nicht.

So ist es auch mit unseren Leuten: Sie haben überlebt und sind bei KitePride gelandet. Sie sind die lebendige Definition von Tapferkeit. Sie inspirieren mich täglich.

Sie sind der Grund, warum ich am Ball bleibe und weitermache. Es geht mir um den einzelnen Menschen, und es wird immer um den Einzelnen gehen. Obwohl Jesus oft von riesigen Menschenmengen umgeben war, sah und kümmerte Er sich immer um den Einzelnen.

Die Arbeit bei uns ist für viele unserer Leute ihr erster Job. Er gibt ihnen nicht nur die Möglichkeit, ein neues Handwerk zu erlernen, sondern auch die nötige Stabilität zu kriegen, damit sie Entscheidungen treffen können, wo sie ihre Bestimmung sehen und wie sie dorthin gelangen werden.

Und damit sie, falls ihnen die Fähigkeit zu träumen abhanden gekommen ist, wieder zu träumen lernen, zu träumen wagen.

Wir wollen ihr volles Potenzial freisetzen und alles in unserer Macht Stehende tun, um sie auf die nächste Stufe zu bringen. Wir sind nur eine Sprosse auf ihrer Leiter hinauf zu einer vollständigen Wiederherstellung. So viele andere haben ihren Teil dazu beigetragen, dass sie auf dem Weg der Wiedereingliederung in die Gesellschaft so weit gekommen sind. Konkret:

Dass sie einen Job gefunden haben, für den sie jeden Morgen gerne aufstehen.

Dass sie Geld verdienen, auf das sie superstolz sind.

Und dass sie eine Unabhängigkeit erreichen, um wieder ganz heil zu werden.

Während sie wachsen, wachsen wir mit ihnen. Etwas voranzutreiben, das es so noch nie gegeben hat, ist unglaublich herausfordernd.

Daniel Flynn, Mitbegründer und Geschäftsführer von «Thank You», einem australischen Sozialunternehmen, bringt es perfekt auf den Punkt:

Die Gegenwart hat [leider] nicht viel für Pioniere übrig; die Geschichte aber durchaus.

Die Gegenwart betrachtet den Pionier als nicht bodenständig genug, als unvernünftig, als einen, der Kopf und Kragen riskiert. Aber die Geschichte verzeichnet seine Taten als ein Fundament, auf dem wir alle aufbauen können.

Die Gegenwart stempelt den Pionier als Idealisten voller unrealistischer Pläne und Träume ab. Aber die Geschichte wird ihn einen Visionär nennen.

Ich weiß nicht, wie oft wir schon als «naiv» abgestempelt wurden. Du hast immer Kritiker, die vielleicht in Wirklichkeit gar nicht so harsch sind, wie sie sich anhören. Aber leider sind ihre Stimmen laut genug, um dich öfter zu entmutigen, als es dir lieb ist.

Pioniere sehen Dinge, lange bevor sie existieren. Sie tun alles und setzen alles daran, um sie dann auch zu verwirklichen. Wir sind die Art von Menschen, deren Stärke, das Gute in jedem zu sehen und an alle zu glauben, gleichzeitig zur Schwäche werden kann.

Du musst lernen, die falschen Töne auszublenden, mit der richtigen Melodie im Einklang zu bleiben und die perfekte Harmonie hinzuzufügen.

Ich werde niemals all die Menschen vergessen, die am Anfang mit besten Intentionen zu uns kamen und uns dann wieder verließen. Das ließ mich stark an mir selbst und meinen Leiterschaftsqualitäten zweifeln.

Wenn man eine Leitungsaufgabe hat, ist es einfach so: Wer den Ruhm bekommt, muss auch mit Schuldzuweisungen leben.

Emerge

The silent Warrior

Lost in Worship: Found in Him

Rise

Details art colors

Wave

Details art technique

Remember me

Es geht natürlich bei Leiterschaft nie um die Frage, wer recht hat und wer nicht. Es geht mehr darum, herauszukristallisieren, wer wo sein sollte, um etwas Bestimmtes zu tun. Für manche Leute bist du einfach nur eine offene Tür oder eine Brücke zu ihrer Bestimmung. Du musst bereit sein, Brücke zu sein und Leute auf dir herumlaufen zu lassen. Es geht ja nicht um dich. Es geht um einen viel größeren Auftrag.

Pionierarbeit schärft deine Sinne, und dein erstes Gefühl ist normalerweise der richtige Wegweiser dafür, wohin du gehen sollst und wer mit dir gehen und dir zur Seite stehen sollte.

Vertraue also deiner inneren Stimme, denn niemand ist vor dir da gewesen, wo du hingehst. Niemand hat jemals getan, was du tun wirst. Deshalb heißt es: «Pionier».

Je mehr man ausprobiert und scheitert, umso mehr lernt man.

Mach einfach weiter, trotz Rückschlägen.

Tritt ab und zu auf die Kupplung und schalte in den Rückwärtsgang, um in deinen Gedanken zu dem Punkt zurückzufahren, an dem du so etwas wie eine Vorahnung dessen verspürt hast, was gerade passiert ist. Und dann verinnerliche dieses Gefühl, damit du es schneller wiedererkennst, wenn es dich das nächste Mal beschleicht.

Ich erinnere mich an eine Nachricht, die ich einer guten Freundin schrieb, nachdem wir schon ein paar Monate hier vor Ort gewesen waren:

«Bitte bete um die Gabe der Unterscheidung. Urteilsvermögen ist alles.»

Mir wurde klar, dass wir, weil wir so dringend auf Unterstützung angewiesen waren, oft zu schnell damit waren, Leute einzuladen, an unserem Traum teilzuhaben. Allmählich lernte ich aber, meinem Bauchgefühl zu vertrauen, und wurde besser darin, die richtigen Leute für unser Team auszuwählen.

Gott spricht zu uns, indem Er uns gewisse Gefühle gibt; Gefühle des Unbehagens, so unterschwellig, dass wir leicht dazu neigen, sie zu verwerfen. Ich spreche nicht von einer Emotion. Es ist ein Gefühl, das nicht zu verleugnen ist. Der Unterschied zwischen Emotionen und Gefühlen besteht nach meinem Verständnis darin, dass Gefühle eine intuitive Antwort auf etwas sind, was uns bewusst wird oder was wir erkennen, während Emotionen rein reflexiv sind.

Während einer emotional sehr angespannten Zeit, in der uns ein Teammitglied verklagte, bekam ich eine Offenbarung über vier Siebe, durch die ich Leute filtern kann, indem ich mich frage, ob ich in ihrer Gegenwart eines dieser Dinge spüre. Das Gefühl, das ein Mensch bei dir auslöst, ist enorm wichtig, um herauszufinden, wen du in deinen inneren Kreis lassen solltest. Und wen nicht.

1. Minderwertigkeit.
2. Manipulation.
3. Heuchelei.
4. Aufdringlichkeit.

Lass mich das ein wenig anschaulich machen, ohne zu tief ins Dickicht der Einzelheiten einzudringen.

Minderwertigkeit: Du kennst bestimmt das Gefühl, wenn dir Leute den Eindruck vermitteln, sie wüssten immer alles besser, besonders in fachlichen Dingen, und du jedes Mal nach einer Begegnung mit ihnen ganz verschüchtert und überwältigt bist. Schon ihr Berufstitel schreit dir förmlich entgegen, dass sie viel mehr Wissen, Erfahrung und Einfluss haben, als du dir selbst zutraust, und es sind falsche Erwartungen im Spiel.

Manipulation: Hast du jemals das Gefühl gehabt, dass du konstant fremdbestimmte Entscheidungen triffst, statt selbst die Kontrolle zu haben? Dass du dich gezwungen fühlst, Verpflichtungen einzugehen, die du aus dir selbst heraus nicht gewählt hättest?

Heuchelei: Jener falsche Geist, der schlicht unwahrhaftig und von falschen Motiven getrieben ist. Das Gefühl, das du hast, wenn jemand dich oder deine Idee ausnutzt, um sich selbst einen Vorteil zu verschaffen.

Aufdringlichkeit: Du fühlst, dass dein Territorium ohne jeglichen Respekt betreten wird. Deine Autorität wird angezweifelt, und deine persönlichen und beruflichen Grenzen werden überschritten.

Wenn diese oder ähnliche Gefühle jemals in dir aufkommen, dann sollte diese Person *nicht* Teil deines engeren Kreises sein. Du wirst dabei Fehler machen, aber je öfter du dich irrst, umso schneller wirst du lernen, wer oder was zu dir passt und wer oder was nicht.

Beim Aufbau unseres Sozialunternehmens hier in Tel Aviv überkommt uns oft das Gefühl, als ginge es immer einen Schritt vorwärts – und zehn zurück. Mein Mann und ich stoßen sehr oft an unsere Grenzen, und meistens fühle ich mich der Aufgabe nicht gewachsen, all das, was ich vor allem als Mutter und als Co-Leiterin unseres Unternehmens zu tun habe, zu bewältigen. Ich bin im Grunde eine Perfektionistin, und die verschiedenen Hüte, die ich trage, erlauben es mir nicht, alles zu meiner vollen Befriedigung auszuführen.

Wir haben Volontäre, die kommen, um auszuhelfen, und es ist ein riesiger Segen, dass sie oft genau diese Lücken füllen, die wir nicht schließen können, oder genau die beruflichen Fähigkeiten mitbringen, die das Unternehmen während ihres Einsatzes bei uns gerade nötig hat!

Ich werde nie ein junges Pärchen vergessen, das für längere Zeit als freiwillige Helfer zu uns kam. Sie hatten sich nur eines vorgenommen: zu dienen. Ich weiß noch, wie ich sie bat, in ihrer Freizeit als Freunde und Familie für unsere Mitarbeiterinnen da zu sein, um ihnen die Liebe und Freundschaft entgegenzubringen, für die uns wegen der vielen Aufgaben, die auf uns lasten, oft die Zeit und die Kraft fehlen.

Und genau das taten sie von ganzem Herzen! Trotz der sprachlichen und kulturellen Barrieren nahmen sie sich Zeit für jede Einzelne von ihnen, luden sie zu sich nach Hause ein und teilten mit ihnen, was sie hatten: ein gemeinsames Essen, eine schöne Unternehmung, ihren Glauben und vor allem ihre Liebe.

Als sie Abschied nehmen mussten, war für alle offensichtlich, dass sie uns enorm fehlen würden.

Ohne meinen festen Glauben an Gott, an meine Familie und an meine Freunde hätte ich schon vor langer Zeit aufgegeben. Einmal sagte ich verzweifelt zu Gott:

«Kannst Du nicht jemanden finden, der das hier besser kann als wir?»

Weißt du, was Seine Antwort war? Er sagte:

«Das könnte ich. Es gibt viele, die darin besser wären als ihr, doch sie sind nicht bereit dazu. Aber ich kann so viel mehr mit Bereitwilligen tun als mit Klugscheißern.»

Also, meine Lieben, dann bleibe ich weiterhin bereitwillig und lernbereit. Bereitschaft braucht auch Demut. Und sie braucht Weisheit, um zu entscheiden, wen du mit an Bord nimmst, um deinen Auftrag auszuführen. Wir haben den richtigen Fachleuten tiefe Einblicke in unser Unternehmen gegeben, und wir sind oft korrigiert worden. Denn sie wissen tatsächlich vieles besser als wir, aber sie brauchen uns, um die Idee umzusetzen.

Eine Bewegung zu starten, die du dir nicht einmal selbst richtig vorstellen kannst, selbst wenn du es versuchst, ist wirklich eine faszinierende Sache. Wir arbeiten wie erwähnt mit unzähligen Freiwilligen aus der ganzen Welt zusammen, die ihre Zeit, ihre Kräfte, ihre Liebe und ihre Finanzen einsetzen, um uns mit ihren Fähigkeiten zu unterstützen – ohne dass wir überhaupt je so konkret ausschreiben, wonach wir suchen. Es passt immer perfekt zusammen, und es passiert genau zur richtigen Zeit! Es ist absolut atemberaubend, und ich werde immer wieder demütig, wenn ich sehe, dass Leute mit an Bord kommen und die Vision mittragen.

Andere zu inspirieren und ihnen zu helfen, etwas zu sehen, was noch nicht da ist – das ist eine Fähigkeit, die du niemandem aufzwingen kannst. Nur Gott allein kann das machen. Gehorsam hat einfach etwas Besonderes an sich. Aber echt.

In den ersten zwei Jahren in Tel Aviv arbeitete ich einmal pro Woche als Freiwillige bei einer Streetwork-Organisation im Süden der Stadt mit. Ich habe das gemacht, weil es immer wichtig ist, draußen auf dem Feld die Hände am Pflug zu haben. «The Red Carpet» (Der rote Teppich) ist ein lebendiges, dynamisches Beispiel für den barmherzigen Samariter und dafür, wie und wo man heute Jesus begegnen kann.

Ich meine es ernst, wenn ich Reisegruppen erzähle, dass ich sie nicht zu von Menschen erbauten Denkmälern bringe, um ihnen die biblische Geschichte vor Augen zu führen, sondern dorthin, wo Jesus heute hingehen würde. Und dann führe ich sie in die Nähe des zentralen Busbahnhofs, wo sich die meisten einsamen und verlassenen Menschen aufhalten.

Ich habe Frauen massiert, deren Körper mit blauen Flecken und Striemen übersät waren. Ich musste mitansehen, wie wunderhübsche Mädchen durch Drogenmissbrauch und Missbrauch von Männern zu wandelnden Skeletten wurden. Ich habe Füße gewaschen, bei deren Anblick ich mich wortwörtlich übergeben musste. Ich kam ins Zentrum und wurde mit der niederschmetternden Nachricht begrüßt, dass wieder einmal jemand auf tragische Weise ums Leben gekommen war.

Ich habe gesehen, wie Menschen zu essen bekamen, gebadet und gekleidet wurden. Ich sah eine bucklige Frau, die unter meiner Berührung geheilt wurde und dann ihre Heilung traurigerweise ablehnte, weil es weniger schmerzhaft war, wie gewohnt weiter gebeugt zu gehen, als das Neue anzunehmen und sich aufzurichten.

Beim Red Carpet beobachtete ich die reine Liebe des Neuen Testaments in Aktion.

«Dann wird der König zu denen auf seiner rechten Seite sagen: ‹Kommt, ihr seid von meinem Vater gesegnet, ihr sollt das Reich Gottes erben, das seit der Erschaffung der Welt auf euch wartet. Denn ich war hungrig, und ihr habt mir zu essen gegeben. Ich war durstig, und ihr gabt mir zu trinken. Ich war ein Fremder, und ihr habt mich in euer Haus eingeladen. Ich war nackt, und ihr habt mich gekleidet. Ich war krank, und ihr habt mich gepflegt. Ich war im Gefängnis, und ihr habt mich besucht.› Dann werden diese Gerechten fragen: ‹Herr, wann haben wir dich jemals hungrig gesehen und dir zu essen gegeben? Wann sahen wir dich durstig und haben dir zu trinken gegeben? Wann warst du ein Fremder und wir haben dir Gastfreundschaft erwiesen? Oder wann warst du nackt und wir haben dich gekleidet? Wann haben wir dich je krank oder im Gefängnis gesehen und haben dich besucht?› Und der König wird ihnen entgegnen: ‹Ich versichere euch: Was ihr für einen der Geringsten meiner Brüder und Schwestern getan habt, das habt ihr für mich getan!›»

Matthäus 25,34–40 (Neues Leben. Die Bibel)

Die Leute von Red Carpet machen mit ihrer Arbeit weiter, weil sie damit ihre Liebe zu Gott und zu all jenen zeigen, die der Gesellschaft am wenigsten bedeuten. Sie tun es für die einzelnen Menschen.

Es mag sein, dass ein normales, unabhängiges Leben, wie wir es uns vorstellen, für manche dieser wehrlosen Frauen, die in das Schutzhaus kommen, niemals Realität wird. Aber niemand ist jemals unwürdig, unsere Fürsorge und eine liebevolle Berührung zu empfangen. Für nur einen kurzen Moment am Tag sollen sie sich würdig fühlen. Das Geschenk von Wertschätzung und Beachtung und das Wissen, gesehen, gekannt und geliebt zu sein, ist manchmal alles, was es braucht, damit sie dem Himmel begegnen.

Wir sind nicht nur an unseren Platz gestellt worden, um den Verachteten ein neues Leben zu geben, sondern auch, um wirklich weltverändernde Lösungen zu entwickeln, den Status quo in den Unternehmen infrage zu stellen und das Bewusstsein zu schaffen, dass der Kauf einer Tasche bei uns eine Frau davon abhält, in völligem Elend und Zerstörung zu enden.

Menschen hinterfragen oft den Preis unserer Taschen bei KitePride. Wir können uns nicht mit großen asiatischen Produktionshallen messen, die beispielsweise riesige Mengen von Taschen für eine Konferenz oder einen Event produzieren. Aber denk mal darüber nach: Wer hat deine Tasche hergestellt? Was bewirkt sie? Fühlen sich die Leute, die deine Tasche hergestellt haben, sicher? Sind sie in guten Händen?

Bei einer Rede vor einer Reisegruppe, die unsere Einrichtungen bei KitePride besuchte, hielt ich einen unserer handgefertigten Rucksäcke hoch und forderte die Leute mit den folgenden zwei Fragen heraus:

«Wie viel Geld bist du bereit, für diese einmalige Tasche zu bezahlen?»

Ich bat sie, sich diese Zahl zu merken.

Dann fragte ich:

«Was wärst du bereit, auf den Tisch zu legen, um deine Tochter, deine Schwester, deine Mutter oder deine Freundin davor zu bewahren, ihren Körper für eine Stunde zu verkaufen? … Für zwei Stunden?… Für einen ganzen Tag? … Für eine ganze Woche? … Für mehrere Monate am Stück?»

Betroffene Stille.

Dann fuhr ich fort:

«Die beiden Zahlen in deinem Kopf sind mit Sicherheit weit voneinander entfernt. Man kann die Freiheit nicht mit einem Preisschild versehen, oder? Wenn du unsere einzigartigen handgefertigten Waren kaufst, kaufst du nicht nur irgendeine Tasche – du gibst einem Menschen eine neue Bestimmung und änderst seine Lebensrichtung! Jedes unser Produkte ermöglicht mehrere Stunden berufliche Rehabilitation. Wenn du dein Geld also für ein KitePride-Accessoire ausgibst, investierst du in das Leben eines kostbaren Menschen. Du bewahrst ihn oder sie davor, ihrer Würde entblößt zu werden. Du ermöglichst Arbeit, Supervision, Seelsorge und Pflege in einer ermutigenden Umgebung.»

Wer würde das nicht tun wollen?

Wir wollen Menschen und Branchen inspirieren, zielgerichtet zu leben und zu handeln, um für andere Menschen zweite Chancen zu schaffen und Teil einer radikalen Revolution für Gerechtigkeit und Freiheit für alle zu werden. Und wir brauchen wirklich deine Mithilfe. Wir müssen Mitgefühl in Unterstützung, Support und Commitment umwandeln.

Der Traum wird nur dann wahr, wenn wir alle mithelfen. Es bedarf einer ganzen Armee an Helfern.

Es ist wirklich ein Wunder, was geschieht, wenn Menschen außerhalb des Unternehmens deine Idee aufgreifen und auf einmal viel mehr sind als bloß Unterstützer und Spender oder «Fans».

Der Inhaber von «Blade Kiteboarding» ist einer von ihnen! Er nimmt unsere Arbeit wirklich ernst, und nachdem er uns alle Vorräte an alten und kaputten Kites hier in Israel gespendet hatte, reichte ihm das noch nicht. Er fand heraus, dass die Fabrik in China zweihundertsiebzig veraltete, aber völlig ungebrauchte Kitesurfingschirme in den Regalen liegen hatte, die niemals in den Vertrieb gegangen waren. Also stellte er dort unsere Idee vor.

Ein Geschenk kostet manchmal auch seinen Preis. Dieser Preis beinhaltete nervenaufreibende Stunden im Kampf mit der Bürokratie, fünf Monate während Verhandlungen mit Schifffahrtsgesellschaften und Zollbehörden, hohe Gebühren, die wir für unnötig hielten – aber schließlich waren die Kites versendet, und die Kisten mit ein paar Hundert Stück kamen bei KitePride im Süden Tel Avivs an. Trotz der vielen Hindernisse waren wir überwältigt von dieser Spende! Wir vertrauen darauf, dass wir in Zukunft noch viele weitere erhalten werden!

Unser Sozialunternehmen begann als eine Basisbewegung, die darauf hinarbeitet, eine nachhaltige globale Wirkung zu erzielen. Uns schwebt vor, dass auf der ganzen Welt Zweigstellen entstehen, die das Modell übernehmen, Menschen eine Bestimmung zu geben und zugleich Materialien sinnvoll einzusetzen. Ohne die anhaltende professionelle Hilfe hervorragender Leute wären wir nicht da, wo wir heute stehen, und dafür sind wir unendlich dankbar.

Am Ende des Tages geht es nur darum, dass wir uns jeden

Tag aufmachen und für unsere Leute zur Stelle sind. Für die Einzelnen. Als ich unsere Leute gefragt habe, was KitePride ihnen bedeutet, fielen ihre Antworten natürlich sehr großherzig aus. Ich möchte hinzufügen, dass ich weiß, was es noch alles zu verbessern gibt. Ich sehe das jeden Tag. Mein Mann und ich sind beide keine Israelis und leiten ein Unternehmen in Israel. Punkt. Wie ich schon angemerkt habe, wünschte ich mir immer wieder, das Ganze einfach jemandem zu übergeben, der es besser kann als wir. Aber aus irgendeinem Grund scheinen Matthias und ich immer noch die richtigen Leute zu sein, und solange das so ist, geben wir alles.

Konnten wir allen helfen, die uns zugewiesen wurden? Nein. Wir mussten einige wieder gehen lassen, und das tut weh. Aber hier sind die Stimmen derer, die gekommen und geblieben sind. Ohne eine bestimmte Reihenfolge.

«Die Art und Weise, wie du mir bei KitePride begegnet bist, wie du mit mir zusammengearbeitet hast, ohne mich zu verurteilen, mich mitgenommen hast, manchmal ohne ein Wort zu sagen, hat mir das Gefühl gegeben, dass ich gleichberechtigt bin. Und das ist es, was mich verändert hat. Ich fühlte mich so geehrt! Das hat meine Selbstachtung sehr gesteigert.»

«Früher bin ich völlig benebelt zur Arbeit gegangen, um das zu ertragen, was ich machen musste. Aber der Job hier bei

KitePride gibt mir einen Grund, jeden Tag aufzuwachen und mit Freude zur Arbeit zu gehen, weil mir das die Kraft gibt, meine Probleme anzugehen. Ich fühle mich zuversichtlich und spüre, dass man mich gern hat.»

«Es ist herausfordernd für mich, bei einem Start-up mitzuarbeiten, das sich ständig verändert. Die Kommunikation ist nicht immer klar für mich, und als introvertierte Person sage ich nicht immer, was ich denke. Trotzdem fühle ich mich sicher, und was ich am meisten an unserem Team liebe, ist, dass die anderen mich immer ermutigen, aus meiner Komfortzone herauszutreten. Das zeigt mir, dass ich viel mehr kann, als ich eigentlich dachte.»

«Deine Prioritäten im Leben sind wirklich auf deinen Werten aufgebaut, und die sind eindeutig: deine Kinder, deine Familie, Zeit für dich selbst. Du gibst so viel, aber du weißt auch, wie du auftanken kannst, indem du dir Zeit für dich selbst nimmst.

Ich habe so viel für mein Leben gelernt, indem ich dich einfach nur beobachtet habe. Und das ist nur möglich, weil du hierher kommst und mit uns zusammenarbeitest. Du lebst, was du predigst.»

«Niemals zuvor habe ich erlebt, dass mir jemand so viel Vertrauen und Glauben schenkt wie die Leute hier bei KitePride. Sie begegnen mir alle auf Augenhöhe und haben nicht gezögert, mir Verantwortung zu übergeben. Wenn Mati und

Tabea geben, dann halten sie nichts zurück, und daran wachsen sie selbst und alle, mit denen sie zu tun haben.»

«Für KitePride zu arbeiten, ist mein allererster offizieller Job, und ich bin nicht mehr jung! Aber es machte mir keine Angst, denn die Atmosphäre hier gab mir ein Gefühl, als käme ich nach Hause. Ich habe noch nie jemandem vertraut, aber ich vertraue Mati and Tabea, weil sie ihre Autorität nicht auf negative Art und Weise ausleben. KitePride ist meine Familie geworden, und ich erfahre eine gesunde Liebe.»

«Meine Arbeit war die Hölle, bevor ich zu KitePride kam. Als ich zum ersten Mal herkam, fühlte es sich an wie das Paradies! Wie der Garten Eden. Die Liebe. Die Ermutigung. Die täglichen beruhigenden Umarmungen ohne große Worte. Die haben mich stark gemacht. Sie haben mir das Gefühl gegeben, dass ich liebenswert bin.»

«Du hast die Fähigkeit, jeden Einzelnen mit seiner Geschichte zu akzeptieren, ohne jemanden zu stigmatisieren. Du konzentrierst dich auf die Zukunft der Leute. Ich kam mit meiner Geschichte aus der Vergangenheit, aber du hast meine Zukunft zum Vorschein gebracht. So etwas ist mir noch nie begegnet.»

«Ich arbeite seit über zwei Jahren mit Tabea und ihrem Mann Mati. Ich habe mich noch nie so wohlgefühlt in meinem Leben, und das nicht nur am Arbeitsplatz. Der Hauptgrund dafür ist einfach, dass sie ihr Unternehmen mit einer Vision leiten – und nicht so, als wäre es ihr Eigentum. Sie bringen so eine Flexibilität ein, und das bedeutet, dass jeder Raum bekommt, um mitzumachen; Raum, um seinen eigenen, einzigartigen Platz im Haus zu finden. Und es gibt immer auch Raum, um Fehler zu korrigieren. Ihre Energie und ihr Herz erlauben dir, vorwärtszugehen und dich durch deinen Kopf und dein Ego keinesfalls in deiner Kreativität einschränken zu lassen.»

«Tabea schämt sich für keine Facette ihrer einzigartigen Persönlichkeit und entschuldigt sich nicht dafür, wer sie ist. Darin ist sie für mich eine große Inspiration. Die Definition dessen, was es heutzutage bedeutet, eine berufstätige Frau zu sein, ist im Wandel. Wie Frauen die Balance zwischen Leidenschaft, Beruf und Familie finden können, ist für mich dabei die wichtigste Frage. Und Tabea hat hier einen Weg gefunden. Sie hat eine super energetische Persönlichkeit, ein starkes und warmes weibliches Herz, und sie tut alles, um die Firma zu führen – ohne dabei aber ihre klar definierte Vorstellung von Familie zu verraten. Sie schenkt jedem die notwendige ungeteilte Aufmerksamkeit und hegt und pflegt dabei doch auch ihr Privatleben und tut sich was Gutes. – Ich lerne jeden Tag von ihr.»

Ich würde diese Aussagen hier niemals zitieren, um zu prahlen und zu protzen. Das sei ferne von mir. Ich mache das nur, um zu zeigen, was passiert, wenn du gehorsam bist. Diese paar Feedbacks sollen eine Geschichte erzählen, die viel größer ist als ich selbst. Sie sollen die transformierende Kraft aufzeigen, die freigesetzt wird, wenn man seinen Nächsten liebt wie sich selbst – in Wort und Tat. Und sie sollen bezeugen, was der «Faktor» Gott aus all dem macht, was du tust, wenn du Ihn mit einbeziehst. Für Gott ist es die leichteste Übung, all die Dinge, die du als Schwäche erlebst und als Bremsklotz betrachtest, in Seine Hände zu nehmen und sie in Stärke zu verwandeln, weil es hier nicht um dich geht.

Meine Pastorin und Freundin, die ich gerne «Rabbi Catrina» nenne, sagte in einer ihrer Predigten etwas, das mich wirklich faszinierte:

> «Beim Fall der Menschheit war die erste Frage des Feindes im Garten Eden: ‹Hat Gott wirklich gesagt …?› Weißt du, was? Falsche Frage. Gott Seinerseits stellt seine Fragen nie, weil Er die Antwort nicht kennen würde.
>
> **Gott stellt die Frage, um zu sehen, ob *wir* die Antwort kennen.**
>
> Gottes erste Frage war: ‹Wo bist du?› Und Seine zweite lautete: ‹Wer hat dir das gesagt?›»

Weißt du, was uns das meiner Meinung nach über Gott sagt? Es zeigt, wie sehr Er sich wünscht, dass du weißt, wo du stehst, weil Er es dir gesagt hat. Nicht dein Ehepartner. Nicht dein Nachbar. Nicht deine Familie. Nicht deine Freundin.

Gott hat es dir gesagt! Und je mehr du auf Ihn hörst und Ihm gehorchst, umso mehr wirst du dich von Seiner Liebe getragen wissen. Achte also darauf, dich so zu positionieren, dass du weisst, wo du stehst und wer dir gesagt hat, dass du *dort* sein sollst.

Wenn eure Herzen schmerzen und bluten,
dann brauchen wir euch, dann werdet ihr uns helfen;
aber wenn ihr nur unsere Prinzipien befolgt
wie fade Theorien, lasst uns in Ruhe:
Wir haben genug Mühlsteine,
die schon jetzt an unseren Hälsen baumeln.
Wenn ihr euch uns nur aus Pflichtgefühl anschließt,
so beten wir, dass ihr euch fernhaltet
und denjenigen Platz gebt, die in unsere Reihen springen,
weil sie sich nicht heraushalten können.
Die nicht über Pflichten jammern, sondern rufen:
«VORRECHT! FREUDE!»

Theodore Dwight Weld,
ein großer Sklaverei-Bekämpfer (Abolitionist)
des 19. Jahrhunderts

#beziehungstattreligion

Eins will ich dir gleich sagen: Eine wirklich freie und tiefe Beziehung zu Gott habe ich nicht in der Kirche gefunden. Das fing erst an, als ich frei war von den Traditionen und Regeln irgendeiner Institution.

Ich behaupte nicht, dass Kirche etwas Falsches ist. Mein Mann, meine Kinder und ich sind Teil einer Gemeinschaft gläubiger Menschen hier in Israel, die zu meiner Familie geworden ist, und die Ortsgemeinde ist für mich absolut wichtig. Die Frage ist, was wir als Kirche definieren und ob sie wirklich einen Unterschied macht in einer leidenden, sterbenden Welt. Oder ob sie nur eine institutionell organisierte Religion ist, die ihren ohnehin schon satten Schafen ein Unterhaltungsprogramm liefert.

Meine stärksten Wurzeln kommen aus den Zeiten in der Wüste. Alleine mit Gott. Wenn ich für eine Weile alle anderen Stimmen fernhalte, damit ich Gottes Stimme wirklich hören kann. Das tue ich besonders dann, wenn ich merke, dass ich mal wieder nur von Menschen gemachte Regeln und Lehren übernommen habe und in Religiosität abgedriftet bin, statt mit meinem Schöpfer in einer aktiv gelebten Beziehung zu stehen.

Seien wir ehrlich: Religion ist ziemlich einseitig. Und um die Wahrheit zu sagen: Meiner Meinung nach ist sie oft sogar eine Form des Missbrauchs. Es geht dann nur noch darum, die gesetzten Vorschriften zu erfüllen und vorgegebene gute Werke zu tun, um sich besser zu fühlen.

Religion erzeugt Angst, während Beziehung Mut hervorbringt.

Ich habe auf Instagram ein Zitat gelesen, das auf geniale Art und Weise verdeutlicht, was ich damit meine:

RELIGION:
«Ich habe Mist gebaut, mein Vater bringt mich um.»
BEZIEHUNG:
«Ich habe Mist gebaut, ich muss meinen Vater anrufen.»

In einer gesunden Beziehung kannst du mit deinem Mist kommen und brauchst keine Angst vor Strafe zu haben. Auch wenn du möglicherweise mit den Konsequenzen klarkommen musst, wird nichts, was du jemals tun könntest, dazu führen, dass Gott dich weniger liebt.

Denk mal darüber nach. Abraham, ein einfacher Mann, hat keine großen Ruhmestaten vollbracht, keine gewaltigen Pyramiden erbaut und keine Klassiker der griechischen Philosophie geschrieben. Dennoch hat Gott ihn gesehen und ihn dazu auserwählt, zum Vater ganzer Völker zu werden und so viele Nachkommen zu haben, wie es Sterne am Himmel gibt: Unzählbar viele. Heute kennt jeder seinen Namen. Warum? Einfach deshalb, weil er dem Wort glaubte, das Gott zu ihm gesprochen hatte.

Und er glaubte dem HERRN und das rechnete er ihm als Gerechtigkeit an.

1. Mose 15,6 (Einheitsübersetzung)

Abraham hatte das Gesetz des Mose nicht, das er hätte einhalten können, um als gerecht dazustehen. Er wusste nichts von einer weltlichen Religiosität. Alles, was er hatte, waren seine Gespräche mit Gott selbst – und ein Versprechen! Er ging mit Gott spazieren und unterhielt sich mit Ihm. Und er *glaubte* Ihm. Er glaubte nicht nur an Seine Existenz, sondern er glaubte auch dem Versprechen Gottes.

Solange du nur glaubst, dass es Gott gibt, bringt dich das nicht viel weiter als bis zu einem Aufzug, in den du einsteigst, ohne auf einen Knopf zu drücken. Ohne dass du den Knopf drückst, wirst du nicht in die Etage gelangen, in die du kommen willst. Weißt du, selbst die Dämonen glauben, dass Gott existiert. Und sie fürchten sich. Hier im Neuen Testament steht es:

Du glaubst: Es gibt nur einen Gott. Damit hast du Recht; das glauben auch die Dämonen und sie zittern.

Jakobus 2,19 (Einheitsübersetzung)

Das Besondere an Abraham ist, dass er Gottes Versprechen einfach glaubte und danach handelte. Das ist alles.

Abraham hielt sich an seinen Teil der Abmachung und überließ es Gott, Sein Versprechen zu erfüllen. Halte dich einfach an deinen Teil. Mehr musst du nicht tun.

War Abraham sich sicher, dass Sara in ihrem hohen Alter ein Kind bekommen würde? Nein, er zweifelte das mehr als einmal an. Aber er entschied sich immer wieder für den Glauben, weil Gott ihn mehrmals daran erinnerte. Das ist es, was Freunde tun. Das ist es, was ein Vater tut.

Abraham hatte eine Beziehung mit Gott.

Er war nicht nur ein Angehöriger einer Religion.

Die natürliche und allgegenwärtige Tendenz der Menschheit besteht darin, mit dem menschlichen Verstand religiöse Imperien zu errichten. Ein klassisches Beispiel dafür ist die Grabeskirche in Jerusalem.

Dieser Ort, der von den Christen als eine der heiligsten Stätten Israels angesehen wird, weil Jesus dort gekreuzigt und begraben wurde, gehört den Griechisch-Orthodoxen, den Katholiken und den Armenisch-Orthodoxen gemeinsam. Daneben dürfen drei kleinere orthodoxe Gemeinschaften, die Kopten, die Syrisch-Orthodoxen und die Äthiopisch-Orthodoxen, bestimmte Bereiche nutzen.

Jede dieser religiösen Gemeinschaften wacht eifersüchtig

über ihre Rechte. Und rate mal, wer die Schlüssel hat, um die Türen der Kirche zu öffnen? Eine muslimische Familie. Auf diese Weise gibt es einen neutralen Verwalter.

Die gegensätzlichen Architekturstile, der Mischmasch der Ornamente, der antiken Altäre, der Mosaiken und kultischen Gegenstände wirken auf viele Besucher ernüchternd. Es herrscht ein ständiges Kommen und Gehen von Pilgern, die den Grabstein küssen, und der Klang der gesungenen Liturgie hallt durch die Kapellen. «Könnte man diese von Menschenhand errichteten Elemente entfernen», schrieb der Bibelkundler John J. Kilgallen, «stünden wir zwischen zwei Stellen, nicht mehr als dreißig Meter voneinander entfernt, mit Erde und Steinen und Gras unter unseren Füßen und der freien Luft um uns herum. So war der ursprüngliche Zustand dieser Gegend vor Jesu Tod und Begräbnis.»

Letzten Endes scheint es leichter zu sein, menschengemachten Systemen zu folgen und sich um sich selbst und die eigenen guten Taten zu drehen, als einfach Gottes Wort zu glauben. Während Religion auf erzwungenen Anstrengungen beruht, ist eine Beziehung immer beidseitig und beinhaltet auf Liebe gegründete Verantwortlichkeiten.

Die geheimnisvollen Facetten eines Gottes zu ergründen, den man nicht sehen kann, ist wie die Wiedereinführung von Slow Food an Orten, wo Fast Food die Oberhand gewonnen hat.

In dem verzweifelten Bemühen, populär zu bleiben, so scheint es mir, treibt die etablierte Kirche gemeinsames korruptes Spiel mit der Welt. – Bei diesen Worten will ich es belassen.

Meine Zeit außerhalb jeder religiösen Institution brachte mich zurück zu den Wurzeln, zum Wort. Ich musste mir darüber klarwerden, wo sich bei mir Religiosität eingeschlichen hatte statt Beziehung. Und ich musste verstehen, was *Gott* wirklich sagt; nicht, was irgendwelche Menschen sagen.

An dieser Stelle kann ich es mir nicht verkneifen, ein weiteres kleines Wortspiel oder hebräisches «Wortstamm-Goldkörnchen», wie ich es nenne, zu beschreiben, über das unsere «Rabbi Catrina» neulich sprach und mir damit wieder einmal die Augen öffnete. Im Hebräischen ist die wörtliche Bedeutung von Wüste oder Wildnis «midbar», worin die gleiche Wurzel aus drei Buchstaben enthalten ist wie in «ledaber», dem hebräischen Wort für «sprechen».

Die Wüste ist demnach kein einsamer Ort.

In der Wildnis ist Gott nicht abwesend oder leise.

Die Wüste ist der Ort des Wortes.

In der Wüste wirst du still genug, um Gott zu hören.

Manchmal müssen wir einfach genau dorthin in die Wüste gehen; es sei im übertragenen Sinne, indem man ganz bewusst an einen einsamen Ort und in die Stille geht – oder auch ganz real und physisch, indem man tatsächlich die Wüste aufsucht. Wir müssen uns von den geschäftigen Sitten und Gebräuchen distanzieren, die uns nur davon abhalten, noch unterscheiden zu können, ob die Stimme, die wir hören, wirklich von Gott stammt – oder nur aus Menschenmund und menschlichen Gedankenwelten kommt. Wenn wir erst einmal Gottes Stimme kennen und erkennen, werden wir sie vor allen anderen Stimmen wahrnehmen, egal, wo wir sind oder zu welcher Kirche wir gehören.

Wo hast du persönlich deine Wüste, in der du Gottes Stimme deutlich hören kannst? Fliehst du bewusst zu diesem «Wort-Ort», wo du dich auf das wirklich Relevante konzentrieren kannst? – Geh regelmäßig dorthin. Aber vergiss nicht zurückzukommen und das zu leben und nach außen zu tragen, was du dort empfängst! Die Welt und deine Gemeinde brauchen das, was du zu geben hast.

Im Mai 2017 fuhr ich zusammen mit einem Haufen Freaks auf meinem Mountainbike achthundert Kilometer durch das kleine Land Israel – der größte Teil davon ging durch die Wüste. Insgesamt waren wir zehn Radler, einschließlich des coolsten Achtzigjährigen, den ich jemals getroffen habe (ich möchte sein wie er, wenn ich groß bin!) und meines damals elfeinhalb Jahre alten Sohnes.

In zehn Tagen führte uns die Tour von der Stadt Metula, oben im Norden an der Grenze zum Libanon, bis zum südlichsten Punkt in Eilat am Roten Meer. Das Ganze war eine Fundraising-Aktion für unsere Arbeit und hatte zum Ziel, ein Bewusstsein für das schreckliche Verbrechen des weltweiten Menschenhandels zu schaffen, das auch in Israel zum täglichen Geschehen gehört.

Auf dieser Tour habe ich sehr viele Lektionen fürs Leben

gelernt, besonders in der Wüste. In völliger Stille radelten wir mit unseren Mountainbikes tagelang hintereinander durch das trockene und ausgedörrte Land, aber ich fühlte mich dabei Gott unendlich nahe und war ständig mit Ihm im Gespräch.

Was für ein wunderschönes Geschenk war es, mich weitab von der Hektik des Alltags aus den gewohnten täglichen Ritualen und Verpflichtungen zurückzuziehen und einfach mit Gott, der Schöpfung und meinen Radlerfreunden abzuhängen. Jeder Tritt in die Pedale brachte uns der Ziellinie näher, die ich insgeheim gar nicht überqueren wollte!

Diese Abnabelung vom Alltag war das Beste, was mir zu dem Zeitpunkt hätte passieren können, auch wenn es ein paar körperliche Qualen und heftige Strapazen mit sich brachte.

Lass mich erklären, wie ein Leben in Beziehung mit dem Schöpfer aller Dinge aussieht, wie Er persönlich zu mir spricht, einfach indem ich mir Seiner Allgegenwart bewusst bin. Wie sieht so eine Beziehung zu Gott aus, im Gegensatz zur Religiosität, bei der du das Gefühl hast, etwas leisten zu müssen, um geistlich Punkte zu scheffeln?

Ich möchte mit dir ein paar der Dinge teilen, die der Heilige Geist mir auf der Achthundert-Kilometer-Tour gezeigt hat, und dir erklären, wie einfach es ist, täglich mit Ihm in Verbindung zu stehen, ohne ein religiöses Theater aufzuführen.

Ich war mitten in der Wüste, als mir klarwurde, dass der einzige Weg aus ihr heraus darin bestand, sie zu durchqueren. Genau wie im Leben: Du musst durch jede Phase, die dir begegnet – egal ob gut oder schlecht – hindurchgehen, um sie auch wieder zu verlassen. Es spielt keine Rolle, wie langsam der Prozess ist: Wenn du nur in Bewegung bleibst, kommst du irgendwann ans andere Ende.

Ich erinnere mich noch lebhaft, wie uns irgendwo in der Negev-Wüste tiefer Sand dazu zwang, von den Rädern abzusteigen und sie für den Rest des Weges zu schieben. Es fühlte sich so an, als kämen wir überhaupt nicht mehr vorwärts! Auf dem mühsamen Weg durch die Hitze und den Sand war jede Erfrischung in Form von Wasser oder Schatten eine unaussprechliche Wohltat. Ich beobachtete, was mit der ausgetrockneten Erde passiert, wenn auch nur eine winzige Menge Wasser sie berührt: Jeder Same, der noch im Boden ist, beginnt wieder aufzublühen. Die Farben und Blüten kehren zurück.

Ich hob trockene Tonklumpen auf und musste an die Menschen denken, die wir bei KitePride beschäftigen; Menschen, deren Seelen aus dem Boden gerissen und dann liegengelassen worden waren, um elendiglich zu verwelken. Das rissige Gelände erinnerte mich an den Grund, warum wir diese Tour machten: Wir wollen uns nach denen ausstrecken, die wegen all der Risse auf ihrem Lebensboden oder auch in ihrer Seele gestürzt sind. Wir wollen denen helfen, die mit Rissen und offenen Wunden zurückgelassen worden sind, und wollen Heilung über sie ausgießen. Es ist ein langer und oftmals schmerzhafter Weg für sie, und das Wasser des neuen Lebens muss tropfenweise kommen. Zu viel auf einmal würde sie wegspülen und ertränken!

So wie Sturzfluten in der Wüste …

Während unserer Tour haben wir solche Sturzfluten nicht erlebt, aber ich kenne das! Die trockene Erde kann so viel Wasser auf einmal gar nicht aufnehmen, und anstatt Leben hervorzubringen, reißt die plötzliche Regenflut alles mit sich und zerstört, was keine tiefen Wurzeln hat.

Ja, die Arbeit, die wir bei KitePride tun, bedarf einer Menge Geduld und Sensibilität.

Die inneren Fortschritte unserer Leute gehen vielleicht langsamer vonstatten, als wir es uns wünschen würden. Aber wie herrlich ist es zu sehen, wie wunderbares Leben in ihnen sprießt, wenn wir es nur schaffen, die richtige Menge an Wasser über ihnen auszugießen!

#battleonbikes (Kampf auf Fahrrädern) lehrte mich außerdem, dass es gut für uns ist, wenn wir nicht jeden Schritt der Reise bereits im Voraus kennen. Wenn wir alles wüssten, womit wir konfrontiert werden, hätten wir wahrscheinlich gar nicht den Mut, überhaupt zu dem Abenteuer aufzubrechen. Und trotzdem wollen wir immer alles im Voraus wissen! …

Gott weiß, dass wir manche Herausforderungen gar nicht bewältigen könnten, wenn wir schon vorher von ihnen wüssten. Wir würden viel zu früh aufgeben – oder um eine einfachere Aufgabe bitten.

Es gab einen bestimmten Tag auf dieser Radtour, an dem einige von uns sicher aufgegeben hätten, wenn wir gewusst hätten, dass die heftigsten Steigungen noch vor uns lagen, nachdem wir bereits stundenlang im Sattel waren. Stachelige Büsche durchlöcherten etliche Male die Reifen der Teamkollegen, wodurch wir noch langsamer vorankamen, und der starke Gegenwind drohte uns vollends zu stoppen.

An diesem ersten von zehn Tagen schafften wir hundertzwanzig Kilometer. Es war dunkel und spät, als unsere erschöpfte und havarierte Drei-Generationen-Gruppe endlich das Nachtlager erreichte.

Ein Team ist eine kraftvolle Einheit. Jedes Mal, wenn ich mit Freunden an einem Sport-Event teilnehme, spüre ich die Energie, die da zu mir fließt. Ohne ihre Stimmen, die dich ermutigen, stärken und unterstützen, wirst du nicht dazu angetrieben, immer weiter voranzukommen, und das letzte Quäntchen Tempoverschärfung wird nicht aus dir herausgekitzelt. Erst kürzlich habe ich im Zwölf-Kilometer-Lauf für Damen meinen Rekord gebrochen, was nur dank meiner Freundinnen möglich war, die mich ständig anfeuerten, mein Letztes und Bestes zu geben. Die Ermutigung und Unterstützung deiner Mannschaft ist alles.

Wie du ja inzwischen weißt, bin ich in Papua-Neuguinea aufgewachsen, einer Nation mit mehr als achthundert (!) Stämmen. Jeder Stamm spricht seine eigene Sprache. Glaub mir, wenn ich sage, dass ich die Kraft und die Stärke eines Stammes kenne. Jeder einzelne von ihnen hat seine eigenen Traditionen, seinen Glauben, seine Lebensweise und seine eigene Kultur.

Das Wörterbuch beschreibt einen Stamm folgender-maßen:

Teilgruppe einer traditionellen Gesellschaft, bestehend aus Familien oder Gemeinschaften, die durch soziale, wirt-schaftliche, religiöse oder verwandtschaftliche Beziehungen verbunden sind, mit einer gemeinsamen Kultur und einem gemeinsamen Dialekt, und die typischerweise einen aner-kannten Führer haben.

Ein Stamm hat viele Vorzüge, etwa Treue, Zugehörigkeit und beständige einzigartige Traditionen. Viele von uns kennen sicher das Sprichwort «Find your tribe, love them hard» (Finde deinen Stamm und liebe ihn mit Leidenschaft). Wir alle verstehen, dass es darum geht, die richtigen Leute zu finden und mit ihnen das Leben zu teilen. Da ich jedoch während meines Heranwachsens nicht nur die Vorzüge, sondern auch die Schattenseiten des Stammeslebens erlebt habe – zum Beispiel das ausgeprägte Territorialitätsprinzip und ein Rechtswesen nach dem Motto «Auge um Auge, Zahn um Zahn» –, möchte ich kurz darauf eingehen, was es bedeutet, in einem Stamm in Papua-Neuguinea zu leben. Dies basiert nicht auf einer Studie. Es ist einfach mein Fazit, nachdem ich es als Kind aus nächster Nähe beobachten konnte und mich Jahre später nochmals damit auseinan-dersetzte.

Erstens: Als Stammesführer mit Rang und Macht kann man buchstäblich ALLES tun, auch Böses, und die Leute werden es nicht wagen, sich gegen dieses Handeln zu wehren.

Zweitens: Als Frau bist du gezwungen, dich still zu unterwerfen. Du musst deinen Mann mit mehreren Frauen teilen (während du nicht mehr als einen Ehemann haben darfst), und du musst körperlich sehr hart arbeiten, besonders in den großen Gärten, um für deine Familie zu sorgen.

Drittens: Der Stamm lebt in Knechtschaft und in Angst vor den Geistern der Vorfahren, die in der Natur leben. Stört jemand diese Ahnengeister, so wird irgendeine schreckliche Strafe über die betreffende Person kommen. Diese Angst ist so tief verwurzelt, dass jeder in der Sippe daran glaubt, ohne es anzuzweifeln oder zu überprüfen. Wehe dem, der so etwas tut!

Viertens: Von vielen herrlichen Fleckchen in der Natur glaubte man, sie würden von Geistern heimgesucht, und ich weiß noch, dass wir als Kinder uns dort nicht blicken lassen durften. Aus purer Angst wurde um wunderschöne Teiche, an denen man sich herrlich von der Hitze hätte erfrischen können, ein großer Bogen gemacht.

Fünftens: Wenn jemand starb, glaubten die Stammesleute, dass eine Hexe dahintersteckte, «normalerweise» eine Frau, die angeblich die Person durch Zauberei umgebracht hatte und nun von Stammesmitgliedern aufgespürt und gefoltert oder sogar getötet werden musste.

Und schließlich ist es, sechstens, ausgesprochen schockierend, dass es in den Stämmen zu den Ritualen gehörte, den Menschen immer wieder Körperteile abzutrennen und sie dann als Opfer darzubringen, um Zauberrituale durchzuführen oder die Geister der Verstorbenen fernzuhalten.

Also, worauf will ich hinaus? In diesem Beispiel nehme ich das Wort «Stamm» und erkläre dir, was ich höre, wenn du ein Wort benutzt, das für dich – zumindest in seiner englischen Form «Tribe» – eine ganz andere Bedeutung hat und vielleicht hip oder cool ist, weil es in deinem Teil der Welt romantisiert wird. Aber für mich, die ich dort aufgewachsen bin und Stämme aus erster Hand erlebt habe, hört sich das ganz anders an.

Siehst du, wir leben vor uns hin und übernehmen irgendwelche religiösen Lehren, ohne sie genauer zu überprüfen. Wir betrachten das Leben von unserer Seite des Zaunes aus, weil womöglich unser Weltbild durcheinandergeraten könnte, wenn wir hinübersteigen. Wir folgen einer Religion und ihren Regeln, weil das vielleicht einfacher ist, als uns auf eine Beziehung zu Gott außerhalb unserer Komfortzone einzulassen.

Eine partnerschaftliche Beziehung bedeutet Aufwand und basiert auf dem Versprechen, präsent zu sein!

Das nimmt uns auf einer viel tieferen Ebene in Anspruch als bloße Religiosität. Es fordert uns heraus, eine Bindung einzugehen, Fürsorge zu zeigen und Liebe zu üben.

Ganz ehrlich, was ist einfacher: ein Stück Papier mit ein paar Regeln darauf in die Hand zu bekommen und diese ohne weitere Verpflichtung einzuhalten – oder sich einer Person zu weihen, weil man sie wirklich liebt und kennt?

Die Bibel definiert Religion folgendermaßen (zum besseren Verständnis zitiere ich zwei Übersetzungen):

> Jeder, der sich selbst als «religiös» bezeichnet und behauptet, es gut zu meinen, täuscht sich selbst. Diese Art von Religion ist nichts als heiße Luft. Wahre Religion, die vor Gott, dem Vater, besteht, ist die: Streck dich aus nach den Obdachlosen und Ungeliebten in ihrer Not und hüte dich vor der Korruption durch eine gottlose Welt.
>
> *Jakobus 1,26–27, frei übersetzt nach «The Message»*

> Wenn jemand glaubt, eine Beziehung zu Gott zu haben, aber nicht auf seine Worte achtet, dessen Herz treibt davon, und seine Religion ist flach und hohl.
> Wahre Spiritualität, die rein ist in den Augen Gottes, tut etwas dafür, dass das Leben der Waisenkinder und Witwen in ihrer Not besser wird, und lässt sich nicht von den Werten der Welt korrumpieren.
>
> *Jakobus 1,26–27, frei übersetzt nach*
> *«The Passion Translation»*

Hat es eine Konsequenz in unserem Leben, wenn wir so etwas lesen? Verändern wir etwas? Tun wir zum Beispiel etwas dafür, das Leben der Waisen und Witwen zu verbessern, die im Grunde die Ausgeschlossenen, Verachteten und Machtlosen in unserer Gesellschaft sind? Helfen wir ihnen in ihren Schwierigkeiten? Kümmert sich die Kirche, die du besuchst, oder die Gemeinde, zu der du gehörst, wirklich um die Obdachlosen und Ungeliebten? Entscheidest du dich ganz persönlich, als von Ihm geliebtes Kind in eine lebendige, aktive Beziehung zu Gott, dem Vater, zu treten; einem Vater, dessen tiefstes Verlangen es ist, dir nahe zu sein? Wächst in dir ein Verlangen, mit dieser Art von Liebesverwandtschaft mit ganzer Seele und vollem Commitment in genau dieser Liebe zu leben, mit der Gott uns von allen Seiten umgibt?

Genau das würde uns freisetzen, in unseren Familien, an unserem Arbeitsplatz, in einer gesunden Glaubensgemeinschaft – oder wo immer auch unser Einflussbereich ist – echte Spiritualität zu leben …

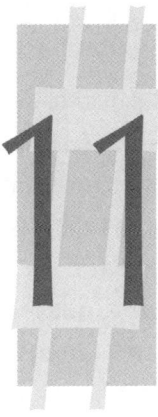

#kunstvontabea

«Nimm bereitwillig an, dass du Gottes wohlgehütetes Geheimnis bist, das darauf wartet, zur richtigen Zeit enthüllt zu werden. Und wenn diese Enthüllung dann vielleicht anders aussieht, als du es dir erhofft hast, sei dir gewiss, dass ein Geheimnis, das verborgen gehalten wird, immer besser wird, als du es dir vorstellen kannst. Also, vertraue dem Geheimnisträger.»

Diese Worte schrieb ich eines Morgens nieder, als ich mich unbeachtet und unwichtig fühlte. Ich zweifelte an allen Verheißungen und Vorhersagen, die in der Vergangenheit über mich ausgesprochen worden waren. Wie all das, was ich vor meinen geistigen Augen sah, jemals wahr werden sollte, war mir unvorstellbar.

Hast du so etwas auch schon erlebt? Wenn nicht, darfst du dich glücklich schätzen. Wenn doch, dann rate ich dir Folgendes: Warte noch ein wenig länger hinter verschlossenen Türen und such die Nähe deines Geheimnisträgers. Desjenigen, der dich erschaffen hat und der dich in- und auswendig kennt. Er nennt uns Seine Söhne und Töchter. Und wenn irgendjemand deine Zukunft kennt, dann ist es Gott selbst.

Gott sagt, dass wir Seine Kinder sind und unsere Identität in Ihm finden. Er weiß alles über uns. Als ein guter Vater wünscht Er sich nichts mehr, als dass wir auf Seinem Schoß sitzen und zuhören, was Er über uns zu sagen hat. Wir müssen nur ruhig werden und die Ohren spitzen.

Ich weiß natürlich nur zu gut, dass nicht jeder eine gesunde, liebevolle Beziehung zu seinen Eltern hatte. Und ich verstehe, dass es schwierig ist, sich auf einen Gott einzulassen, der sich uns als liebender Vater vorstellt, wenn du so etwas niemals erlebt hast. Wenn du bei deinem eigenen biologischen Vater nie etwas anderes kennen gelernt hast als Vernachlässigung, Missbrauch, Unverbindlichkeit und Verrat. Wenn du vielleicht denjenigen nicht einmal kennst, der seinen Samen gab, um dir Leben zu geben. Aber lass mich dir Folgendes sagen: Gottes Wort ist wahr und wird dich nicht enttäuschen.

Die Frage: «Wie alt bist du?», heißt im Hebräischen wörtlich übersetzt: «Wie viele Jahre bist du schon Sohn oder Tochter?» Also, selbst wenn du deine Eltern fast nicht (oder gar nicht) kennst und dich innerhalb des familiären Lebens vielleicht nur wie eine höchstens geduldete Randfigur erfährst, bist du noch immer ein Sohn oder eine Tochter. Deine Identität steht fest. Dein Alter spielt nicht wirklich eine Rolle. Die Welt braucht einfach starke Söhne und Töchter, die wissen, zu wem sie gehören, und die wissen, wozu sie auf dieser Erde berufen sind.

Als Jesus die Unbekannten und Namenlosen traf, viele von ihnen Frauen, hat Er sie mit «Tochter» angesprochen und ihnen somit den Wert ihrer Identität zugesprochen, egal, wie alle anderen sie bezeichneten.

«Tochter!»

Denk an die Frau im Neuen Testament, die von Jesus geheilt wurde und die in der Geschichte nicht einmal einen Namen hatte. Sie wurde nur «die Frau mit dem Blutfluss» genannt. Mehr weiß man nicht über sie. Sie wagte es nicht einmal, Jesus von Angesicht zu Angesicht zu begegnen, weil ihre Krankheit sie «unrein» machte. Es galt als eine Schande, ihr nahezukommen. Als sie versuchte, unbemerkt an Jesus vorbeizugehen und Sein Gewand zu berühren, in dem Glauben, dass sie dann geheilt werden würde (der Saum symbolisiert Gottes Autorität und Heilungskraft), ging eine Kraft von Ihm aus, und sie wurde dadurch «erwischt».

Aber weißt du, was?

Sie wurde dabei erwischt, wie sie das Richtige tat!

Jesus gab ihr sofort Wert und Identität, indem Er sie «Tochter» nannte, und machte sie so frei von aller Schande. Er tröstete sie und bestätigte: «Dein Glaube hat dich gesund gemacht. Gehe in Frieden.»

Ich finde es wunderbar, dass Gott neben vielen anderen Namen auch El Rafa (Gott heilt) und El Roi (der Gott, der mich sieht) heißt. Diese Frau glaubte, dass Jesus sie nicht sehen würde, aber den Augen Gottes entgeht nichts. Wenn wir bei der Sache bleiben und das tun, was uns vor die Füße gelegt ist, dann wird El Roi uns dabei «erwischen», wie wir das Richtige tun, und Er wird uns zur richtigen Zeit erheben.

Ich entdeckte meine Liebe zum Malen als junge Frau. Damals zogen mein Mann und ich in unsere erste Wohnung im schweizerischen Uster.

Irgendwie weckten die ersten eigenen vier Wände in mir den Wunsch, diese Wände mit Bildern zu schmücken, die mir etwas bedeuteten. Eine Freundin, deren Mutter Künstlerin war, inspirierte mich, gemeinsam mit ihr mit dem Malen zu beginnen. Es dauerte nicht lange, bis unser Zuhause mit persönlichen Kunstwerken gefüllt war, die sich auch quasi direkt von der Wand verkaufen ließen!

Bei den unzähligen Anforderungen an meine Zeitplanung muss ich mir zum Malen bewusst Zeit nehmen. Aber Malen ist für mich mehr als nur eine kreative Leidenschaft. Kunst wurde für mich ein Zusammenfluss meiner persönlichen geistlichen Reise und meines Glaubens. Sie ist wie eine Therapie – und gleichzeitig eine Verabredung mit Gott selbst. In den gewagten Farben und den versteckten Details sind meine Herausforderungen und Siege verborgen, das lebenslange Ringen um Erlösung und Wiederherstellung.

In diesem Kapitel werde ich dir zu einigen meiner Bilder die Hintergründe und Geschichten erzählen, wie jedes Gemälde entstand und zu Preisen zwischen null und zehntausend Dollar den Besitzer wechselte; siehe auch Bildteil.

[Bild ohne Titel]: Für mein allererstes Bild habe ich nicht mal einen richtigen Namen. Es basiert auf den Worten Jesu im Neuen Testament in Markus 4,40: **«Habt ihr denn immer noch keinen Glauben?»** Jesus sagte das zu Seinen Jüngern, nachdem Er am See Genezareth – dem See, auf dem ich heute während des israelischen Sommers kitesurfe, wenn die starken thermalen Winde nach vierzehn Uhr aufsteigen – einige Zeit damit verbracht hatte, sie zu lehren.

Diese Frage stellte Jesus ihnen, nachdem Er Seine Jünger vor dem Untergehen bewahrt und dem Wind und den Wellen befohlen hatte, still zu sein. Jesus war eine ganze Woche lang mit Seinen Jüngern zusammen gewesen und konnte nicht glauben, dass sie immer noch nicht verstanden, wer Er war.

Lass uns einfach festhalten, dass ich auf der Seite der Jünger stehe. Ich bin schon mein ganzes Leben lang auf einer Reise mit Gott, und ich begreife es auch oft nicht. Dabei müssen wir inmitten der Stürme des Lebens einfach nur wissen, dass Gott gegenwärtig ist. Und dass Seine Gegenwart alles ist.

Sie ist wirklich alles, was wir brauchen. Wir brauchen uns nicht abzuhetzen und zu überfordern. Wenn wir einfach nur Zeit mit dem Meister verbringen, wird Er uns dahin bringen, wo Er uns hinführen will.

Als ich dieses Bild malte, hatte ich noch keine Ahnung, dass wir nach Israel ziehen würden. Ich wusste auch nicht, wie die Skyline von Tel Aviv aussieht. Aber Gott war bereits in unserer Zukunft und auch in unserer Gegenwart, und ich glaube fest daran, dass Er dieses Bild in meinen Geist gab, als unter meinem Pinsel eine hoch aufragende Stadt im Nahen Osten erstand, umweht von Wirbelwinden, die sie golden aufleuchten ließen.

Ich erinnere mich, wie ich das Bild damals meinem Mann schenkte und sagte: «Das ist für uns, und wir werden es niemals verkaufen.» Und dabei bleibt es.

Es war ein prophetischer Blick, der uns andeutete, wohin es uns eines Tages verschlagen würde und wie viele Stürme uns bedrohen würden, aber nicht, ohne auch ein bisschen Gold in die Höhe zu wirbeln und bleibende Spuren zu hinterlassen. «Und das Haus, das auf dem Fels gebaut ist, steht fest» (Neues Testament, nach Matthäus 7,25).

«Emerge» (Heraustreten) ist inspiriert von meiner Arbeit mit GlowbalAct (der gemeinnützigen Organisation hinter KitePride), konkret davon, dass ich einige Frauen auf ihrem Weg der Heilung und Wiederherstellung begleitete. Die Frau in dem Bild wandelt aus dunklem Gewässer in das Licht. Ihre Körperhaltung drückt ihre völlig wiederhergestellte Identität aus. Das Kinn erhoben, ist sie entschlossen und dennoch weich und sanft. Ihre Hand umschließt fest das Schwert, denn sie weiß, wie man kämpft, und sie weiß auch, zu wem sie gehört. Ihr Gewand ist rubinrot, ein Symbol der Erlösung, ihres Wertes und ihrer Würde. Gleichzeitig könnte ihr Profil, wenn du dich nicht auf die Frau konzentrierst, sondern das *ganze* Bild betrachtest, auch die Küstenlinie einer Insel sein. So etwas mache ich gern – einfach mit der

Vorstellungskraft der Menschen und dem Abstrakten in meiner Kunst zu spielen.

«The Silent Warrior» (Der schweigende Krieger) ist während einer sehr herausfordernden Zeit in meinem Leben entstanden. Viele Dinge drohten mich wie eine riesige Welle zu verschlingen. Gleichzeitig begann ich Gott auf eine ganz neue Art und Weise zu sehen und zu fühlen und lernte Seine leidenschaftliche Liebe zu mir von einer neuen Seite kennen.

Welle für Welle bricht Seine Liebe herein. Wie ein Feuer beleuchtet sie den Nacken des Kriegers und ragt über seinem Kopf auf. Der Krieger kniet in völliger Hingabe, den Kopf demütig gebeugt, schweigend. Es ist, als flüsterte Gott ihm zu: «Sei still und erkenne, dass ich Gott bin. Ich halte die Fäden in der Hand, und du hast dein Schwert und deinen Schild.»

Dieses Gemälde besteht buchstäblich aus Tausenden verschiedener Farben. Sie leuchten auf, wenn die Sonne auf ihnen tanzt. Sie bringt unzählige verschiedene Schattierungen, Töne und Farben hervor, fast wie ein Diamant. Das Bild reflektiert Gottes Liebe, wie Er gesehen und in der Welt bekannt gemacht werden will. Ich hatte dabei ständig das Motto einer Bewegung namens «The Colour Sisterhood» im Ohr: «Möge Liebe die letzte große Tat sein, die die Welt erschüttert.»

Dieses Bild hängt inzwischen im Haus eines Freundes, und ich verrate dir auch, warum. Ich habe meine Kunst schon immer Gott hingegeben. Sie ist mir als Geschenk gegeben worden, damit sie *Seinem* Reich in mir Ausdruck gibt, nicht meinem. Meine Kunst soll anderen dienen und ihnen Sinn und Wert vermitteln.

Mein tiefster Wunsch ist es, dass meine Bilder Menschen näher zu der geheimnisvollen Liebe Gottes und zu Seinen vielen Gesichtern hinzieht. Ich möchte, dass meine Kunst in die Herzen der Menschen dringt, und wenn sie das tut, dann ist es mir egal, welchen Preis sie dafür zahlen können; das Bild gehört dann einfach ihnen. Und genau das passierte mit diesem Bild. Ivan kam zu mir nach Hause und konnte seine Augen nicht von «The Silent Warrior» abwenden. Ich beobachtete ihn, wie er immer wieder verstohlene Blicke auf das Kunstwerk warf, das über unserem Esstisch hing. Endlich stellte er die Frage:

«Wer hat das gemalt?»

«Du sitzt der Malerin gegenüber.»

Mit weit aufgerissenen Augen erzählte er seine Geschichte: «Der kniende Krieger, das bin ich.»

In dem Moment wusste ich, dass das Bild zu ihm gehörte, und ich spürte, wie Gott sagte: «Lass es los. Es wird genau die richtigen Menschen in seinem Haus erreichen und dort viel mehr bewirken, als wenn du es behältst.»

In solchen Momenten weiß ich einfach, dass Argumentieren nichts bringt, und ich gebe dann meist das Bild in die Hände der Menschen, bevor ich womöglich noch anfange zu zweifeln. Denn es ist sehr schwer, Dinge loszulassen, wenn sie nicht nur ein Stück Kunst sind, sondern gleichzeitig auch noch deine persönliche Geschichte erzählen. Der «Silent Warrior» war eins dieser Bilder.

Doch ich weiß ja, dass Gehorsam die Liebessprache Gottes ist und dass Er unendlich viel mehr tun kann, als wir uns je vorstellen können, wenn wir uns nur Seinem Willen beugen. Seine Wege sind so viel höher als unsere. Und etwas einfach für mich zu behalten, wäre schlicht und ergreifend egoistisch.

Wenn ich dieses Drängen spüre, ein Bild zu verschenken, auch wenn ich weiß, dass ich mich aus eigenem Antrieb nie fürs Loslassen entscheiden würde, dann bin ich sicher, dass es der Heilige Geist ist, der mich dazu bewegt. Deshalb freue ich mich so darauf, eines Tages zu erfahren, was dieses Bild alles bewirkt hat.

«Wild is my Favourite Colour» (Wild ist meine Lieblingsfarbe): Diejenigen, die mich kennen, können das bestätigen. Dieses Bild war mehr als nur ein Experiment, um herauszufinden, ob ich Pferde malen kann. Ich male normalerweise nicht absichtlich Dinge oder Gegenstände. Sie bilden sich meist von selbst heraus. Sie nehmen in meiner abstrakten Kunst einfach Gestalt an, während ich die ersten Schichten mit Modellierpaste auftrage. Dann trete ich zurück, schaue mir an, was ich vor mir habe, und schnitze es heraus.

Bei diesem Bild war es anders. Ich begann Pferde in die feuchte Modelliermasse zu skizzieren und fügte dann ein paar Farben hinzu. Manche meiner Freunde fragten mich, ob das die Teilung des Roten Meeres sei. Ich freute mich, als sie das sagten, denn dadurch kommt zum «Wilden» das «Freie» hinzu.

«Rise» (Der Aufstieg) basiert auf dem Bibelvers in Jesaja 40,31: «Aber alle, die ihre Hoffnung auf den HERRN setzen, bekommen neue Kraft. Sie sind wie Adler, denen mächtige Schwingen wachsen. Sie gehen und werden nicht müde, sie laufen und sind nicht erschöpft.»

Dieses Bild ist ein großartiges Beispiel dafür, dass Gott den Pinsel führt. Ich könnte nie im Leben einen Adler malen, wenn ich es darauf anlegte! Ich arbeitete mit der Modelliermasse an Flügeln, aber das Ergebnis gefiel mir nicht. Also fügte ich hier und da etwas Farbe hinzu. Dann trat ich zurück und sah plötzlich den Schnabel eines Adlers. Also brauchte ich diesen nur noch auszuarbeiten und ein Auge hinzuzufügen. Ich war fasziniert, dass der Kopf sich genau da befand, wo er sein sollte, und die Striche der dunkleren Farbe genau den Proportionen des Körpers entsprachen.

Als ich **«Lost in Worship: Found in Him» (Verloren in Anbetung, gefunden in Ihm)** malte, sah ich ein großes Auge von der Seite aufsteigen, aber es wollte mir nicht recht gelingen, das Auge zum Mittelpunkt zu machen. Also malte ich weiter Wasserwirbel, während ich mir Lieder anhörte und mich immer weiter in die Anbetung fallen ließ. Ich malte Lichtstrahlen, die auf das Wasser trafen. Dann stellte ich mir im Geist vor, wie ich tief in den Ozean eintauchte und in Richtung Licht auftauchte. Plötzlich sah ich eine Person in meinem Bild und begann sie zu malen. Ich machte ihren Kopf zur Pupille des Auges, so dass man, wenn man herauszoomt, immer noch die Umrisse des Auges sieht. Die Frau, verloren in Anbetung, wird gefunden im Augapfel Gottes.

«Remember Me» (Erinnere dich an mich) entstand während des jüdischen Passahfestes. Als Nichtjuden, die in Israel leben und die jüdischen Feste nur im Kalender stehen haben, begannen wir bewusst, die neutestamentlichen Bräuche der Bibel mit den alttestamentlichen Bräuchen des Tanachs (der Hebräischen Bibel) zu vergleichen. Das letzte Abendmahl im Neuen Testament brachte den Tanach-Brauch des Passahfestes zur Erfüllung.

Die Tür und die roten Pinselstriche in dem Gemälde symbolisieren das Blut des geschlachteten Lammes, das die Juden am Passahfest an ihre Türrahmen streichen mussten, damit sie vom Tod in Ägypten gerettet und aus der Sklaverei befreit wurden. Am letzten Abend, bevor Er verraten und verhaftet wurde, feierte Jesus das letzte Abendmahl. Jesus nahm zwei Symbole, die mit dem Passahfest in Verbindung stehen, und gab ihnen eine neue Bedeutung, damit man sich an Sein Opfer erinnern würde, das uns vor dem geistlichen Tod rettet und uns aus geistlicher Gefangenschaft befreit:

«Im weiteren Verlauf des Essens nahm Jesus Brot, dankte Gott dafür, brach es in Stücke und gab es den Jüngern mit den Worten: «Nehmt und esst, das ist mein Leib.» Dann nahm er einen Becher mit Wein, sprach ein Dankgebet, gab ihn den Jüngern und sagte: «Trinkt alle daraus! Das ist mein Blut, das Blut des Bundes, das für viele zur Vergebung der Sünden vergossen wird» (Matthäus 26,26–28; NGÜ).

Das nächste Bild wird in diesem Buch nicht wiedergegeben, aber ich erzähle dir eine Geschichte darüber, wie Gott gerade dieses Gemälde gebrauchte, um uns zu helfen, unser Start-up in Tel Aviv zu finanzieren.

Bevor wir in Israel ankamen, flogen wir nach Amerika und genossen dort einen Urlaub mit unserer Familie, während wir gleichzeitig Kontakte knüpften, um uns auf unser neues Unternehmen vorzubereiten. Gute Freunde boten uns großzügig an, uns in ihrem Haus, in dem zufällig eines meiner Bilder hängt, unterzubringen. So kam es, dass wir während unseres Aufenthaltes Freunde unserer Freunde kennen lernten, die geholfen hatten, das Bild aufzuhängen, und sich immer wieder gefragt hatten, wer es gemalt hatte. Und hier war ich nun!

Wir verbrachten etwas Zeit mit unseren neuen Bekannten und erlebten eine unglaubliche Gastfreundschaft. Neben vielen anderen Dingen sprachen wir auch über meine Kunst, und ich erwähnte, dass ich zwar noch mehr Bilder hatte, diese aber schon auf dem Weg in unser zukünftiges Zuhause in Tel Aviv waren. Die Freunde wollten mehr darüber wissen, und ich zeigte ihnen Fotos und beschrieb ihnen die Größe der Bilder.

Ohne zu zögern, deuteten die beiden auf eines der Fotos und sagten: «Das hier wollen wir für unser frisch eingerichtetes Gäste-Apartment haben.»

Ich war völlig überrumpelt und sagte, ich hätte keinen Preis im Sinn, sie sollten mir dafür geben, was es ihnen wert sei.

Innerlich hatte ich bereits eine Unterhaltung mit Gott und sagte Ihm: «Was immer ich dafür bekommen werde – ich werde es zu hundert Prozent in unsere Arbeit in Israel fließen lassen.»

Haha, das hätte ich Ihm nicht versprechen sollen, denn auf dem Scheck, den ich bekam, stand die größte Summe, die jemals für mich ausgestellt worden ist. Und jetzt konnte ich es nicht einmal behalten!

Aber hey, die Freude darüber, so ein dickes Samenkorn in der Hand zu halten, das ich in unsere Arbeit in Israel einpflanzen konnte und das vielen Menschen ein wiederhergestelltes Leben bescheren würde, war schließlich umso größer!

Das Verrückte war, dass Gott dem Mann und seiner Frau gleichzeitig die genau gleiche Summe eingegeben hatte, die sie auf den Scheck schreiben sollten, und sie waren sich einig, dass es für die zukünftige Freiheit jener Menschen bestimmt sei, um deretwillen wir nach Israel gingen.

Es war heiliger Boden, auf dem ich stand, als ich diesen Scheck entgegennahm, und ich stehe weiterhin auf heiligem Boden, wann immer ich einen Pinsel in der Hand halte.

Die Wurzel des hebräischen Wortes «tov» – טוב ist tet-(vav)-bet, und die Grundbedeutung, so habe ich es in einer Wortstudie gelernt, ist: «Etwas bereit machen, dass es empfangen kann».

Am Anfang schuf Gott die Himmel und die Erde, und Er sah, dass es gut war: tov. Also, was würde Gott «tov» nennen? Den Kreislauf des Lebens! Was Er schuf, war darauf vorbereitet und zugeschnitten, den Zweck zu erfüllen, zu dem es geschaffen wurde. Genau dafür, glaube ich, sind auch unsere Talente da. Sie sind uns gegeben, um ihre Bestimmung zu erfüllen. Sie sollen Leben hervorbringen. Wir sollen nicht versuchen, sie für uns zu behalten, oder sie gar benutzen, um uns selbst zu erheben statt denjenigen, der sie uns gegeben hat.

Wenn etwas seinen Zweck nicht erfüllen kann, für das es ins Dasein gerufen wurde, dann ist es «rah» (schlecht), und diese Wurzel bedeutet: unbeständig, ohne Sinn für Zukunft, zum Untergang verurteilt.

Ich bin fest davon überzeugt, dass unsere Talente, wenn wir sie nicht für das einsetzen, wofür sie geschaffen sind, kein weiteres Leben hervorbringen und schließlich ausgelöscht werden.

Deshalb ist es mir viel lieber, meine Bilder im guten Kreislauf des Lebens zu sehen, wo sie ihren Zweck erfüllen, als dass ich sie in meiner Wohnung horte und ihre Wirkung einschränke.

Meine Frage an dich ist heute: Welche Gabe ist *dir* gegeben worden, die du in die Welt aussäen solltest, damit sie aufgeht und blüht und Kreise zieht?

Darf ich dich an das Zitat von Marianne Williamson ganz am Anfang dieses Buches erinnern, wo sie sagt, dass es niemandem dient, wenn du dich selbst klein machst? Aber deine Größe, verwurzelt in dem großen «Ich bin, der ich bin», ist ein Dienst an der Welt. Also, finde deine Gabe, falls du sie noch nicht gefunden hast, indem du dich einfach fragst: «Worin bin ich gut?»

Und dann gebrauche sie.

Gebrauche sie reichlich.

Und pass auf, was dann passiert!

Epilog

Wenn du ein Baby zur Welt bringst, dann ist das nur der Anfang. Du machst die ganzen Schmerzen der Geburt durch und glaubst, dass es vorbei ist, wenn du den ersten energischen Schrei deines Neugeborenen hörst. Aber was dir niemand sagt – oder vielleicht willst du es ja auch gar nicht hören:

Das ist erst der Anfang von vielen Marathonetappen gemeinsam mit deinem Baby! Ich denke da zum Beispiel an das manchmal schmerzhafte Stillen, das Aushalten der «Dreimonatskrämpfe» (die eben oft viel länger dauern als die angeblichen drei Monate) und die neue Erfahrung, unter den ständigen berechtigten Ansprüchen eines anderen Menschen durchs Leben navigieren zu müssen.

Es ist ein echter Kampf.

Aber die Belohnung wiegt alles auf.

Ich erinnere mich an den Ratschlag meines Schwiegervaters, als unser erster Sohn geboren wurde. Während er unseren winzigen Säugling im Arm hielt, sagte er: «Denk nur daran, im Leben eines Kindes ist alles immer nur eine Phase, und jede Phase geht vorbei.» Ich schmunzle heute über diese einfache Weisheit, die so viel Tiefe beinhaltet. Denn ich weiß inzwischen, wie recht der erfahrene Papa Oppliger hatte!

Einen Traum zu verwirklichen ist wie ein mehrmaliges Gebären. Manchmal weißt du nicht einmal, ob das Baby, das du hervorbringst, tatsächlich leben oder sterben wird! Im übertragenen Sinne natürlich. So intensiv sind die Emotionen. Je großartiger der Sieg sein kann, der vor uns liegt, desto härter ist die Schlacht. Wir haben das immer wieder erlebt.

Die geistlichen Dimensionen der Realität sind viel mächtiger, als du dir das vielleicht vorstellen kannst. Weil wir mit unseren menschlichen Augen meistens nichts von der geistlichen Welt wahrnehmen, glauben wir, dass die physische Welt den größten Teil des Universums ausmacht. Doch dieses unsichtbare Reich ist ganz und gar real, und auch wenn man es nicht sehen kann, bekommt man es doch zu spüren, wenn man Dinge tut, die dem Bösen verhasst sind. In der geistlichen Sphäre findet ein Kampf statt, der einen starken Einfluss auf das Geschehen auf der Erde hat.

Ich habe mal gelesen, dass dunkle geistliche Mächte durch Vollmacht und durch vollmächtige Menschen angezogen werden. Wenn sie eine vollmächtige Person beeinflussen können, dann können sie ihre Kräfte auf Erden um ein Vielfaches verstärken. Es ist nicht zu übersehen, dass wir genau das heutzutage in der Welt beobachten können.

Der Teufel ist ein Dieb. Er stahl Gott einen Teil Seines Reiches, als er es satthatte, nicht an erster Stelle zu stehen. So wurde das Reich gespalten, und manche Engel folgten ihm. Aber er ist immer noch nicht zufrieden. Gerechtigkeit und Leute, die sich dafür einsetzen, machen ihn besonders aggressiv. So steigt er mit den immer gleichen alten Tricks im Ärmel hinter dir her: Diebstahl, Krankheit und Geschäftigkeit. Und wenn er dich nicht erreichen kann, versucht er, deine Kinder in Beschlag zu nehmen.

Wir müssen die geistliche Welt nicht unbedingt fürchten, aber um vor ihr und in ihr bestehen zu können, müssen wir uns unserer Vollmacht bewusst sein. Die Vollmacht, die wir haben, wenn wir mit der richtigen Kraft – nämlich der Kraft Gottes – Seinen guten und vollkommenen Willen auf Erden ausführen. Ich liebe Dr. Myles Munroes Zitat über Gebet:

«Gebet ist die irdische Lizenz für die Einmischung des Himmels.»

Gebet ist unsere Waffe. Damit auf der Erde geschieht, was im Himmel vollbracht wird, müssen wir die richtige Rüstung tragen und den richtigen Kampf führen.

Greift zu all den Waffen, die Gott für euch bereithält, zieht seine Rüstung an! Dann könnt ihr alle heimtückischen Anschläge des Teufels abwehren. Denn wir kämpfen nicht gegen Menschen, sondern gegen Mächte und Gewalten des Bösen, die über diese gottlose Welt herrschen und im

Unsichtbaren ihr unheilvolles Wesen treiben. Darum nehmt all die Waffen, die Gott euch gibt! Nur gut gerüstet könnt ihr den Mächten des Bösen widerstehen, wenn es zum Kampf kommt. Nur so könnt ihr das Feld behaupten und den Sieg erringen. Bleibt standhaft! Die Wahrheit ist euer Gürtel und Gerechtigkeit euer Brustpanzer. Macht euch bereit, die rettende Botschaft zu verkünden, dass Gott Frieden mit uns geschlossen hat. Verteidigt euch mit dem Schild des Glaubens, an dem die Brandpfeile des Teufels wirkungslos abprallen. Die Gewissheit, dass euch Jesus Christus gerettet hat, ist euer Helm, der euch schützt. Und nehmt das Wort Gottes. Es ist das Schwert, das euch sein Geist gibt. Hört nie auf zu beten und zu bitten! Lasst euch dabei vom Heiligen Geist leiten. Bleibt wach und bereit. Bittet Gott inständig für alle Christen.

Epheser 6,11–18 (Hfa)

Wenn du mich persönlich kennst oder mir aktiv in den sozialen Medien folgst, dann wird dir aufgefallen sein, dass ich immer eine Halskette mit einem Schwert-Anhänger trage.

Jetzt weißt du, warum.

Es ist ein Symbol für das gesprochene Wort Gottes.

Ich beende meine *#nofilter*-Reise mit dir, indem ich jetzt *#shalom* sage. Dieser wohlbekannte jüdische Gruß hat viele unterschiedliche Bedeutungen. Wir benutzen ihn, um Hallo und Tschüss zu sagen, und natürlich weiß jeder, dass es Frieden bedeutet. «Shalom» stammt ab von der hebräischen

Wurzel shalem שלם. Oder von «vollständig», um es auf Deutsch zu sagen. Shalom weist auf Vollständigkeit hin, auf einen Zustand des Ganzseins.

Wenn wir im modernen Hebräisch jemanden fragen, wie es ihm geht, dann sagen wir: «ma shlomcha» (bei Männern) oder «ma shlomech» (bei Frauen). Wörtlich heißt das: «Wie ist dein Frieden? Wie ist der Zustand deines Friedens? Fühlst du dich komplett, bist du ganz, oder fehlt dir irgendetwas?»

Es liegt in unserer Macht, unsere Gaben und all das, wofür wir dankbar sein dürfen, zu erkennen. Unsere Identität liegt in diesem Bewusstsein der Vollständigkeit, das in Gott, dem großen «Ich bin», wurzelt. Gottes Kraft vollendet sich in der Schwachheit.

Danke, dass du so weit mit mir gelaufen bist! Ich bete, dass du jetzt am Anfang deines eigenen Abenteuers stehst. Oder wer weiß: Vielleicht bist du ja schon eine Weile dabei und brauchst unbedingt einen Energieschub. Meine Hoffnung für dich ist, dass du dich gerüstet fühlst, um deinen eigenen Traum zu verwirklichen; nicht perfekt, aber mit ganzem Herzen und ganzer Kraft. Denn wie mein Leben zeigt, ist nichts anderes nötig, als dass du dich zur Verfügung stellst – alles zu wissen brauchst du nicht. Nein, wirklich nicht!

Denk daran, dass Gehorsam die Liebessprache Gottes ist. Und dass Er mit dir ist, wenn du dich aufmachst.

Lass uns über Instagram *@tabeaoppliger* in Kontakt bleiben, und lass mich wissen, wo auf der Welt du gerade mein Buch liest!

199

#dankbarkeit

Von tiefstem Herzen danke ich:

Meinem Ehemann, Geliebten und besten Freund Matthias für deine BESTÄNDIGE Unterstützung, Ermutigung und unschätzbare Mitwirkung. Ich könnte ein weiteres Buch damit füllen, dir zu sagen, was du mir bedeutest, also lass es mich lieber kurz machen: Du bist der Inbegriff von aufopfernder Liebe. Ich liebe dich auf ewig und mehr.

Meinen drei wilden Kindern, Leron, Ruven und Liora. Niemand hat mich so sehr geprägt wie ihr, und ich lerne immer noch dazu. Ihr habt das Beste aus mir herausgeholt, ihr habt das Schlimmste aus mir herausgeholt, und ihr denkt noch IMMER, dass ich die Beste bin. Das ist Liebe. Euch gehört meine Hingabe. Ich wusste nicht, dass ich so sehr lieben kann.

Mum und Dad, ich liebe euch von ganzem Herzen, und ich weiß, dass es eure unerschütterlichen Gebete waren, die mich getragen haben. Ihr seid die größten Vorbilder für Treue und Glauben in meinem Leben! Eure Taten sprechen lauter als eure Worte. Das spüre ich bis tief in die Knochen.

Lisa, ich finde wirklich keine Worte, um dir meine tiefe Dankbarkeit und Liebe auszudrücken. Du hast in mir etwas gesehen, was niemand anderes gesehen hat, und hast es wachgerufen! Ich weiß nicht, wo ich ohne deine Stimme in meinem Leben wäre.

Meiner KitePride-Familie, ihr seid die Verkörperung von TAPFERKEIT! Ihr bringt mir so viel mehr bei, als ich jemals ausdrücken könnte, und ich bin so unglaublich stolz auf euch alle!

Meinem GlowbalAct-Team und allen Freiwilligen – eure dienende Haltung und eure Bereitwilligkeit zum Handeln hauen mich um. Wie kann ich nur jedem Einzelnen von euch für all das danken, was ihr möglich macht?

André und Brigitte, ihr seid der Traum einer jeden Autorin! Ich werde niemals diesen wunderbaren Erweis eurer Liebe und Wertschätzung an jenem November-Wochenende 2018 vergessen. *#margaux #1977*

Catrina, dein Input und deine Grammatikkenntnisse haben mich gerettet. *#runningwailingwall* (Wandelnde Klagemauer)

Shiloh, du bist meine perfekte deutsche Stimme.

Christian, mit dir am Steuer der deutschen Fassung ist aus dem Volkswagen ein Porsche geworden.

Susanne, Lydia und Françoise, ihr habt den Inhalt dieses

Buches ins Dasein gebetet, und ich wäre verloren gewesen ohne eure Fürbitte für mich! Ich liebe euch so sehr!

Wo soll ich überhaupt aufhören? Ich könnte der Liste noch viel mehr Namen zufügen. Die enge Familie, wertvolle Freunde und selbst «Feinde»: Ihr habt mich alle geformt und zu der Person gemacht, die ich heute bin. Danke euch!

All denjenigen, mit denen sich meine Wege kreuzten, wenn ich wieder mal einen meiner *#israel*-Momente hatte: Danke für eure Gnade. Ich hoffe wirklich, dass ich die Möglichkeit bekomme, mich noch mal neu vorzustellen.

Über die Autorin

Wenn man jemanden nach seiner Herkunft fragt, reichen normalerweise vier Wörter für die Antwort.

Aber nicht bei Tabea Oppliger.

In Papua-Neuguinea 1977 als Tochter von Schweizer Eltern geboren und aufgewachsen, sprach sie in ihren ersten sechzehn Lebensjahren hauptsächlich Pidgin-Englisch und Englisch.

Tabea lebte dann aus beruflichen Gründen zwanzig Jahre lang in der Schweiz, wo sie auch heiratete und ihre drei Kinder zur Welt brachte.

Mit ihrem unbändigen Drang nach Gerechtigkeit und Freiheit gründete Tabea «GlowbalAct», eine gemeinnützige Organisation, die sich für die Abschaffung der modernen Sklaverei und des Menschenhandels einsetzt.

Im Jahr 2014 zogen Tabea und ihre Familie nach Tel Aviv, Israel, wo sie ein Sozialunternehmen als zweite Chance für

Menschen gründeten, die früher in der Sexindustrie und darüber hinaus ausgebeutet wurden.

Mit ihrer Leidenschaft und Ausstrahlungskraft ist Tabea ein Katalysator für Veränderung, der dich inspirieren wird, selbst aktiv zu werden.

Kontaktmöglichkeiten

Social-Media-Kontaktinformationen:

Persönlich

Instagram: @tabeaoppliger

Facebook: Tabea Oppliger-Bärtschi

LinkedIn: Tabea Oppliger

Twitter: @tabeaoppliger

GlowbalAct

Instagram: @glowbalact

Facebook: GlowbalAct

YouTube: glowbalact

www.glowbalact.com

KitePride

Instagram: @kitepride_tlv

Facebook: KitePride

LinkedIn: KitePride TLV

YouTube: KitePride TLV

www.kitepride.com